ATLÂNTIDA
Princípio e Fim da Grande Tragédia

ROSELIS VON SASS

ATLÂNTIDA

Princípio e Fim
da Grande Tragédia

8ª edição

ORDEM DO GRAAL NA TERRA

Editado pela:

ORDEM DO GRAAL NA TERRA
Rua Sete de Setembro, 29.200
06845-000 – Embu das Artes – São Paulo – Brasil
www.graal.org.br

1ª edição: 1981
8ª edição: 2018
(revisada)

Dados Internacionais de Catalogação na Publicação (CIP)
(Câmara Brasileira do Livro, SP, Brasil)

	Sass, Roselis von, 1906–1997		
S264a	*Atlântida: princípio e fim da grande tragédia* / Roselis von Sass. –		
8ª ed	8ª ed. revisada, Embu das Artes, SP: Ordem do Graal na Terra, 2018.		
	ISBN 978-85-7279-036-9		
	1. Atlântida I. Título.		
		17. e 18. CDD	-001.94
		17.	-398.23
81-0283		18.	-398.234

Índices para catálogo sistemático:
1. Atlântida : Conhecimento controvertido e suposto 001-94 (17. e 18.)
2. Atlântida : Literatura folclórica 398.23 (17.) 398.234 (18.)

Capa: Arte de Fátima Seehagen e Edson J. Gonçalez

Copyright © ORDEM DO GRAAL NA TERRA 1981
Direitos autorais: ORDEM DO GRAAL NA TERRA
Registrados sob nº 26.081 na Biblioteca Nacional

Impresso no Brasil
Papel certificado, produzido a partir de fontes responsáveis

Ninguém pode ser obrigado a fazer algo que não quer, pois tão só o ser humano é senhor do seu próprio destino. Jamais poderá subjugar as forças elementares. Ao contrário. Está entregue a elas, quando suas resoluções não vibram em harmonia com a vontade da Luz.

Roselis von Sass

"A CRIAÇÃO MATERIAL, DESDE QUE SURGIU, ESTÁ LIGADA ÀS LEIS IMUTÁVEIS DO FORMAR E DECOMPOR, POIS AQUILO QUE NÓS CHAMAMOS DE LEIS DA NATUREZA NÃO É SENÃO A VONTADE CRIADORA DE DEUS QUE, ATUANDO CONTINUAMENTE, FORMA E DESFAZ MUNDOS."

Abdruschin
"NA LUZ DA VERDADE"
O Mundo

INTRODUÇÃO

Atlântida, a terra que outrora submergiu nas águas do mar, ergue-se e toma forma de novo. Também as pessoas que lá estiveram tornam-se vivas novamente. Eram seres humanos altamente desenvolvidos, criaturas escolhidas, cujo destino será descrito no presente livro da melhor maneira possível.

A descrição começa aproximadamente cinquenta anos antes da submersão do país.

Este livro foi escrito devido a insistentes pedidos de espíritos que desejam que se revele a verdade sobre o acontecimento de outrora. Eles pedem insistentemente, a fim de resgatarem seus próprios fios de culpa e também para auxiliarem outros no vindouro sofrimento da humanidade...

Aqui na Terra estamos envoltos por um grande mundo invisível, no qual atuam forças e espíritos que nos guiam, tanto no bom como no mau sentido. Cada um de nós está ligado a esse mundo, por sentimentos intuitivos e pensamentos...

A TERRA REVELA
UM DOS SEUS
MUITOS SEGREDOS!

A PRIMEIRA notícia sobre a existência da Atlântida foi dada à posteridade pelo sábio Platão, que viveu em Atenas cerca de 400 anos antes de Cristo. Platão era também um grande vidente. Ele viu esse país, bem como a catástrofe natural que o fez desaparecer da face da Terra. Através dele a Atlântida reviveu. Desde então não mais caiu no esquecimento.

No decorrer do tempo, cientistas começaram a interessar-se pelo país submerso. Exploradores do fundo do mar procuram indícios, e muitos livros foram escritos sobre o assunto. O nome Atlântida tornou-se mais presente do que nunca...

A posição exata do reino submerso é hoje difícil de se determinar, pois passaram-se mais de 10.000 anos desde então. Não se deve esquecer de que também o fundo do mar encontra-se em constante movimento, e de que desde aquela época maremotos e terremotos causaram deslocamentos e muitas modificações. O eixo da Terra também está sujeito a oscilações, e a crosta terrestre levanta-se e abaixa-se no equador sob a poderosa influência da Lua...

Poder-se-ia dizer que a Atlântida situava-se, aproximadamente, entre a Irlanda e as Bermudas, e que as Hébridas são constituídas de picos de montanhas do reino submerso, picos esses que se elevaram com o passar do tempo.

O professor James Mavor, ao fazer estudos no mar Egeu há dez anos, afirmou que a ilha Santorim era um fragmento da Atlântida. Muitas ilhas nos diversos mares são, pois, partes de países submersos que vieram novamente à tona. Modificação e movimento são leis universais!

Na época de nossa história, a Atlântida era uma ilha muito grande, que apenas ao norte estava ligada ao continente. Era bem protegida por encostas de rochedos íngremes e promontórios que avançavam bem para dentro do mar. Ao sul havia poucos lugares onde navios podiam ancorar.

O reino era dividido em duas partes, habitadas por povos distintos: o povo do norte e o do sul. O norte chamava-se Embla.

Provavelmente em honra à senhora da Terra, de igual nome. A parte sul era denominada Ulad. Viajantes e mercadores designavam o reino apenas de "País dos Gigantes" ou "País dos Dragões". Conservemos, porém, o nome Atlântida, pelo qual o país submerso tornou-se conhecido.

A natureza dessa grande ilha era de uma beleza incomparável, tanto ao norte como ao sul. Havia montanhas altas e colinas arredondadas, circundadas por água, que na última era glacial ainda estavam cobertas por uma camada de gelo impenetrável, assim como verdejantes planícies e vales, terras férteis, lagos, rios, riachos e extensos pântanos, onde vicejavam samambaias gigantes e outras plantas aquáticas.

Uma parte dessa ilha era atravessada por cavernas de estalactites que conduziam às profundezas da Terra... Nascentes de água quente, que brotavam do solo sob alta pressão, existiam espalhadas em toda a ilha. Essas nascentes formavam riachos. Eram chamadas "nascentes da beleza". Todos os recém-nascidos em Atlântida eram carregados até essas nascentes e banhados na água morna. De acordo com a crença dos habitantes daquele tempo, essa água não somente proporcionava beleza, força e saúde, mas também dava ao ser humano algo de seu límpido brilho...

Esse maravilhoso mundo abrigava outrora também inúmeros animais. Muitos deles estão extintos. Seria difícil enumerar a multiplicidade das espécies. De qualquer forma, seguem aqui algumas: em primeiro lugar devem ser mencionados os dragões voadores. Dragões não constituíam nenhuma raridade naquela época. Contudo, dragões que espontaneamente e até com alegria carregassem seres humanos pelos ares, somente existiam no reino da Atlântida. Havia cervos gigantes, alces, búfalos, ursos e cavalos de pelo comprido que ainda traziam uma remanescência de chifre na testa, como lembrança de seus históricos antepassados, os unicornes. A esses juntavam-se muitos animais menores, como texugos, linces, porcos selvagens, lobos, raposas, veados, castores e mais ainda.

Os lobos ocupavam uma posição de destaque na Atlântida. Eram muito afeiçoados às pessoas, sendo considerados uma espécie de animal doméstico, da mesma forma que os cães atualmente.

Acompanhavam as crianças maiores quando estas faziam excursões para colher ovos, frutas ou cogumelos. Mesmo entre o capim mais alto, os lobos encontravam os ninhos das perdizes. As crianças só precisavam retirar os ovos dos ninhos e encher suas cestinhas. Porém, nunca retiravam tudo. Sempre deixavam um ou mais ovos nos ninhos.

Ao fim da tarde, os lobos separavam-se de "suas famílias humanas", voltando no dia seguinte pela manhã. Só permaneciam afastados quando tinham cria. Às vezes os lobos adultos vinham com seus filhotes, tão logo estes pudessem caminhar. De certo modo, para apresentá-los aos seus amigos, os seres humanos, aos quais serviam.

No que diz respeito aos pássaros, viviam lá em número extraordinário, destacando-se os corvos brancos, os cisnes cinza-claros, águias, abutres, cegonhas, gansos e patos silvestres. Havia também muitas e diferentes espécies de galinhas, aves parecidas com os faisões de hoje, perdizes, etc. Além disso, viviam nos campos e florestas inúmeras espécies de pequenos pássaros, e nos promontórios, que avançavam mar adentro, nidificavam aves aquáticas de todos os tamanhos, cores e formas.

Os lagos, riachos e rios eram, naturalmente, muito piscosos. Pescavam-se peixes, geralmente com cestas de malha larga, e estes, ao lado das diversas espécies de aves, faziam parte dos alimentos mais apreciados.

Comiam, naturalmente, outras carnes também. O animal que pretendiam pegar era caçado geralmente ao anoitecer. Os caçadores procediam com muita cautela, para não se carregarem de culpa. Tinham de atingir mortalmente o animal visado com uma única flechada. A morte era sem dor, e o animal caçado nada sofria.

Não atingir logo mortalmente um animal, mas apenas feri-lo, a ponto de este ainda poder fugir e esconder-se, constituía um infortúnio que todos os caçadores temiam, pois sabiam que cada sofrimento causado a animais se manifestaria no próprio corpo… "Até se poderia ficar aleijado… senão naquela, numa próxima vida terrena…"

As abelhas ocupavam um lugar importante no reino da Atlântida, pois usava-se principalmente o mel como adoçante… As abelhas eram mantidas em cestos providos de várias paredes internas que correspondiam exatamente às suas necessidades. Esses cestos, de quase dois metros de altura, podiam ser vistos em todo o país: nos campos de cultura, nos prados, nas florestas, nas margens de pantanais e de lagos… onde quer que colocassem um cesto vazio, não demorava muito, e um enxame de abelhas ocupava-o. Por causa dos muitos "lambedores de mel", os ursos, esses cestos tinham naturalmente de ser protegidos. Por isso, eram colocados numa plataforma fixada num cavalete alto, feito de grossos troncos de árvores. Num desses troncos havia uma escada estreita de corda.

O mel, bem como a cera, podiam ser colhidos facilmente, uma vez que todas as espécies de abelhas lá existentes possuíam ferrões bem fracos e pouco desenvolvidos. Uma picada desses ferrões não causava dor a ninguém.

Do mel faziam um excelente vinho e diversos doces. Os atlantes, porém, conheciam também um outro adoçante. Era um pó extraído das folhas secas do "arbusto doce".

Com a cera de abelha procediam mui cuidadosamente. Derretiam-na, misturando-a com um pouco de óleo vegetal e um ingrediente aromático; a seguir, despejavam-na em pequenos recipientes de bronze, de estanho ou de barro. Tão logo a mistura endurecesse um pouco, colocavam uma mecha no meio, formando assim uma espécie de vela.

VOLTEMOS agora aos dragões voadores.

Eles habitavam as cavernas das montanhas e as que se tinham formado, no decorrer do tempo, entre os altos rochedos costeiros. Viviam também entre as fendas de rochas e entradas de grutas. Somente os dragões que serviam a um "amo" moravam em sua proximidade. Aliás, numa confortável gruta de pedras, especialmente construída para ele. Cada dragão atendia a um determinado chamado de corneta, conforme havia sido treinado por seu amo. Contudo, de modo singular, somente as fêmeas toleravam seres humanos em seu dorso.

Voar em dragões constituía uma vivência única, com a qual cada homem sonhava desde a juventude. Considerando o grande número desses animais que vivia naquela época no país, havia relativamente poucos "voadores" de dragões. Os responsáveis por isso eram os próprios dragões, pois comportavam-se de maneira muito peculiar na escolha do homem a quem estavam dispostos a reconhecer como amo. Sim, os dragões escolhiam seu amo, e não o contrário.

Vejamos: um homem que desejasse voar em dragões, tinha de procurar uma fêmea de dragão. Isso demorava alguns dias ou semanas, conforme a região onde ele habitasse. Tendo encontrado o animal, tinha de aproximar-se dele. A melhor hora para isso era à tardinha, quando os dragões estavam sentados, satisfeitos, perto de suas grutas. O visitante humano, naturalmente, não vinha de mãos vazias. Trazia consigo gulodices que esses animais comiam com especial prazer. Eram doces de mel enrolados em folhas.

O dragão observava com a cabeça bem erguida e sem o menor movimento a aproximação do estranho. O cheiro e tudo o mais que emanava desse estranho já há muito tinha chegado até ele, tendo sido "examinado".

Se o resultado do "exame" fosse favorável, o dragão movia seu pescoço comprido de um lado para outro, como num cumprimento, enquanto suas asas vibravam levemente.

Ao ver esses sinais, o estranho aproximava-se rapidamente do animal, passava a mão carinhosamente pelo pescoço escamoso e ofertava-lhe os doces de mel, que eram aceitos de bom grado. A união ou pacto estava então selado, perdurando geralmente por toda a vida.

Totalmente diferente era o comportamento do dragão se o "exame" fosse desfavorável para o pretendente. O animal baixava o pescoço, tocando o solo com a cabeça. Também não havia vibração em suas asas. Para o candidato à amizade do dragão, esse era um momento amargo. Fora recusado, sendo obrigado a voltar sem nada ter conseguido.*

---

* Quem se interessar pelo assunto poderá encontrar mais detalhes sobre os dragões no livro *Revelações Inéditas da História do Brasil*, da mesma autora.

Para os seres humanos de hoje, esse relacionamento com os dragões parecerá fantasioso e improvável. Esquecem, no entanto, que naquele tempo ainda não havia medo e animosidade entre o ser humano e o animal. Ambas as espécies viviam pacificamente, lado a lado, como criaturas que possuíam direitos iguais. Os seres humanos de então ainda não roubavam dos animais suas possibilidades de existência, destruindo as florestas e sujando os rios... Hoje, ninguém pode formar uma ideia de como outrora os animais amavam as criaturas humanas, sentindo-as como seres superiores...

Isso valia para todos os animais. Os mais selvagens búfalos e cavalos deixavam-se domar facilmente, de modo que podiam ser utilizados como animais de montaria.

OS SERES humanos que habitavam a Atlântida eram, sem exceção, pessoas altas, belas e fortes. Os habitantes do norte tinham cabelos ruivos ou louros e olhos azuis ou cinzentos. No sul do país viam-se quase somente pessoas de cabelos pretos e olhos castanhos ou verdes. Os rostos dos homens não tinham barba, pois ninguém queria ser peludo como os animais. Doenças eram praticamente desconhecidas.

No entanto, cinquenta anos antes da submersão muitas coisas já estavam diferentes. Tinha-se a impressão de que as pessoas não eram mais as mesmas. Muitas delas eram mais baixas e menos saudáveis. O mesmo podia-se dizer a respeito das belas e fortes crianças que lá outrora se desenvolviam.

Os forasteiros traziam modificações para o país; forasteiros que, no decorrer do tempo, chegavam com seus veleiros e lá permaneciam. Tratava-se principalmente de homens que, mais cedo ou mais tarde, casavam-se com moças da terra.

O reino do sul não tinha vizinhos imediatos, não obstante ser conhecido em longínquos países e ilhas como "terra misteriosa", pois os mercadores, que frequentemente vinham de longe com seus navios até a Atlântida, divulgavam notícias as mais fantásticas. Despertavam com isso a curiosidade. E a curiosidade induzia muitos a conhecerem pessoalmente o país dos "voadores de dragões". Os forasteiros indesejáveis, naturalmente, traziam consigo muita inquietação. Tinham em si algo de irrequieto; suas crenças e costumes religiosos eram todos, sem exceção, contrários à Verdade.

De certa forma, a fama de misteriosa da Atlântida tinha sua razão de ser. Já no que se relacionava às habitações, estas eram construídas com grandes blocos de pedra, sendo muito amplas. Muitas pareciam mais fortalezas e castelos do que simples residências. No norte do país havia construções feitas com velhos e grossos troncos de árvores, colocados um ao lado do outro, formando paredes impenetráveis. Também essas eram de um tamanho imponente.

Os construtores eram os gigantes*, muito dedicados àqueles seres humanos. Os blocos de pedra e os troncos utilizados nas construções não poderiam ser levantados nem por dez homens.

Antes de prosseguirmos, é preciso intercalar aqui que os seres humanos daquela época ainda possuíam olhos e ouvidos normais. Viam e escutavam muita coisa que permanece oculta à humanidade terrena atual...

Os homens da Atlântida cobriam as casas sem o auxílio dos gigantes. Faziam os telhados com uma camada de um metro de espessura de capim e junco. Era esse o material utilizado naquele tempo longínquo. Os telhados das casas da Atlântida, no entanto, constituíam algo único, pois neles desenvolviam-se trepadeiras que davam flores vermelhas, azuis e amarelas, chamadas "flores do ar", cujas ramagens, em certas épocas, pendiam até o solo. Essas ramagens, logicamente, secavam, tendo de ser podadas; logo, porém, brotavam novamente, cobrindo os telhados com seu resplendor florido. Bandos de pequenos pássaros nidificavam nelas anualmente.

As sementes dessas flores eram jogadas pelos construtores sobre o telhado pronto. Somente quando era necessário renovar um telhado, o que acontecia a cada cinco ou dez anos conforme a região, eles jogavam novas sementes.

A decoração das casas era modesta, porém satisfazia plenamente as necessidades dos habitantes. As grandes mesas, baús, bancos e

---

* Enteais.

prateleiras de parede, existentes em cada casa, eram de madeira pesada. Nas prateleiras colocavam cântaros, bacias, taças e pratos, geralmente de estanho, mas também muitas vezes de prata.

As camas eram feitas de um trançado de varas de salgueiro e uma certa espécie de capim, sendo fixadas em altos pés. As crianças pequenas dormiam em cestas forradas com "capim de crianças". O aroma desse "capim de crianças" atuava de modo calmante, induzindo ao sono.

Os grandes aposentos das casas, apesar dos poucos móveis, não davam a impressão de pobres. Ao contrário. Tinha-se a impressão de riqueza e prosperidade ao entrar neles.

Aberturas estreitas e horizontais, algo distantes do beiral do telhado, serviam de janelas.

Todas as entradas das casas situavam-se no centro e eram voltadas para o lado norte. Colocavam as camas em posição sul-norte, de modo que a cabeça da pessoa que dormia ficava no sentido sul e os pés no sentido norte. Os pisos das casas e dos pátios eram cobertos de placas de pedra de tamanhos diferentes. Utilizavam grandes blocos de corais e âmbar para decorar os pátios. Não faziam jardins... Aliás, eram desconhecidos. A natureza em torno constituía, pois, um único e grande jardim...

Até no mar floresciam jardins que refletiam um brilho azul-avermelhado. Eram os jardins de corais, que podiam ser vistos a poucos metros de profundidade por toda a parte onde o mar era calmo. O âmbar podia ser encontrado em profusão entre as pedras e a areia cheia de conchas da costa. Também não faltavam pérolas. Havia locais onde praticamente cada ostra continha uma pérola.

Os habitantes consideravam o âmbar um presente das sereias.

"Elas o trouxeram de longe, para que possamos nos enfeitar com ele!" ensinavam as mães às suas filhas, quando estas, ainda pequenas, ganhavam seu primeiro bracelete de âmbar.

Havia muitas pessoas com capacitações artísticas entre o povo. Estas faziam obras de arte em prata, estanho, bronze e também em ouro. As mulheres usavam geralmente enfeites de prata, pérolas, âmbar e almandina vermelha.

Confeccionar obras de arte naquele tempo era muito trabalhoso, uma vez que as poucas ferramentas que possuíam eram bastante primitivas. Com grande paciência faziam também instrumentos musicais, como por exemplo: lur*, liras, címbalos, flautas, etc.

Em algumas regiões da costa havia ostras que pesavam vários quilos. Essa espécie de ostra não formava pérolas, porém suas cascas eram trabalhadas de tal forma que podiam ser utilizadas como pratos… Também as pazinhas, com as quais as pessoas comiam, eram feitas de uma determinada espécie de concha.

Os seres humanos da Atlântida eram trabalhadores e engenhosos. Aceitavam de bom grado e diligentemente tudo o que os grandes e pequenos mestres da natureza lhes ensinavam.

É, pois, compreensível que os viajantes que chegavam no decorrer do tempo à Atlântida não mais quisessem sair. Sentiam uma satisfação especial em viver num país florido, cujos habitantes eram fortes e servidos por gigantes e anões, tendo até dominado os dragões, em geral tão temidos…

Na Atlântida plantava-se principalmente aveia, cevada e linho. Como o solo era muito fértil, havia sempre boas colheitas. Tubérculos parecidos com batatas cresciam em grandes quantidades nos vales úmidos. Havia também muitos cogumelos nutritivos, que cresciam nos solos cobertos de musgo das florestas. Pareciam cabeças brancas redondas, pesando até cinco quilos cada um. Castanhas e avelãs faziam parte dos alimentos mais importantes.

Do leite das búfalas domesticadas faziam queijo. Leite, propriamente, ninguém tomava. Nem as crianças. Os bebês recebiam leite materno até por volta de quatro meses, sendo depois alimentados com mingau diluído de aveia, ao qual adicionavam frutas doces. O mingau de aveia constituía a alimentação fundamental dessas criaturas, desde o nascimento até a morte. Tão logo as crianças começassem a andar, misturavam ao mingau de aveia pedacinhos de peixe, avelãs socadas ou gemas de ovos de patas.

---

* Instrumento de sopro.

Para cozinhar utilizavam fogões de pedra, nos quais a brasa nunca se extinguia. Assavam a carne, geralmente, sobre delgadas placas de pedra engorduradas e aquecidas.

A roupa dos habitantes da Atlântida era simples e funcional. Confeccionavam diversos tecidos de linho. Tecidos finos eram utilizados para as roupas das mulheres e crianças; para os homens eram empregados tecidos mais resistentes, misturando-se cânhamo e outras fibras.

No norte, onde era mais frio, usavam tecidos de lã, retirada de grandes ovelhas selvagens de cor marrom. Essa espécie de ovelhas não mais existe. Muitos homens usavam roupas de camurça fina. A maioria deles conhecia o modo de preparar e curtir as peles. Faziam também botas, sandálias e chapéus de couro, bem como cintos e capas de pele para as mulheres.

Os vestidos pareciam camisolões compridos. No entanto tinham um aspecto bonito, visto que as mulheres sempre colocavam um adorno: um cinto de prata ou uma corrente de âmbar e pérolas. Muitas vezes utilizavam colares de pedras vermelhas de almandina. Mas também enfeitavam seus compridos cabelos, arrumados em tranças, e perfumavam-nos com óleo de lavanda. As mocinhas usavam como enfeite de cabelos flores semelhantes às sempre-vivas. Essas flores cresciam nas rochas, apresentando as cores amarela e azul. As mulheres casadas portavam geralmente aros de prata, enfeitados com pérolas.

Todas as mulheres da Atlântida veneravam a deusa "Atalante", pois desde os primórdios era conhecida como sua protetora, bem como de seus lares. Os homens, por sua vez, veneravam "Tyr", um gigantesco ser da natureza. Quando ele lhes aparecia com sua faiscante couraça e elmo, no clarão de um relâmpago, sentiam uma alegria jubilosa. "Embla", a senhora da Terra, era venerada por todos… Também "Rig", o senhor dos gigantes do ar, era amado por todos. Ele e os seus dividiam, deslocavam e uniam as nuvens de tal modo que as "hygridas", proporcionadoras de chuva, podiam lavar o ar e ao mesmo tempo conduzir à terra a necessária umidade.

As crianças, de bom grado, gostariam de brincar com os gnomos, pois podiam vê-los. Estes, contudo, desapareciam mui rapidamente de seus campos de visão, não se deixando apanhar. Por isso elas apegavam-se a seus lobos, aos mansos corvos brancos e a seus estranhos animais de montaria, que pareciam constituir-se de um cruzamento entre cervo e rena.

Entre os antepassados dos atlantes houve grandes astrônomos. E o seu saber continuava vivo no povo. Devido a isso eram mais bem informados sobre o curso dos astros do que a humanidade terrena atual, com todos os seus modernos instrumentos.

Durante longas épocas, os habitantes da Atlântida foram seres humanos simples e de saber espiritual puro, para os quais também nada era estranho no que dizia respeito aos fenômenos naturais, não importando o que fosse. Infelizmente esse saber turvou-se em muitos, devido aos forasteiros que se fixaram no país no decorrer do tempo. Esses forasteiros, sem exceção, traziam consigo crenças que continham sempre alguma mentira. Suas narrativas, opiniões e costumes religiosos despertavam naturalmente a curiosidade dos nativos, especialmente daqueles que, devido à boa vida, tinham-se tornado espiritualmente indolentes. Os costumes religiosos dos forasteiros estavam ligados a conjurações de espíritos, crença em bruxas, medo de demônios, etc. Felizmente, os que se deixavam influir por essas coisas constituíam uma minoria...

O NORTE e o sul estavam ligados através de muitos caminhos. Em locais especialmente belos desses caminhos de viagem, um dos reis, certa vez, pediu aos gigantes que colocassem marcos de pedra. Esses marcos eram blocos pontiagudos de rocha com cerca de cinco metros de altura, dispostos como se tivessem brotado do solo. O objetivo dessas pedras era convidar os viajantes ao descanso e à reflexão. Deveriam lembrar-se de que também a vida terrena, no fundo, era uma viagem com muitas alterações e vivências. Uma viagem que terminava na Terra com o "último sono", para logo depois acordarem felizes, no reino dos espíritos, em Avalon.

Até o início desta história, isto é, até aproximadamente cinquenta anos antes da submersão, existia um sistema de governo uniforme e bem organizado, que funcionava bem e a contento de todos. O país era dividido em vinte e quatro distritos. Cada distrito possuía uma capital, sendo dirigido por uma espécie de governador. Esses governadores, muito cônscios de sua responsabilidade, eram inteligentes e sábios, sendo chamados "druidas".

Para que não surja nenhum equívoco, seja dito aqui que os druidas, que milênios mais tarde viveram entre os celtas e em algumas tribos de germanos do norte, não tinham nada em comum com os druidas da Atlântida. Esses posteriores druidas dos celtas eram sacerdotes cujo saber baseava-se em ciências místicas.

Além dos druidas havia também na Atlântida um rei, que não apenas terrenamente, mas também espiritualmente tinha de corresponder a seu elevado cargo. O castelo real, existente desde os primórdios, localizava-se na cidade de Vineta. Esta cidade constituía o limite entre o reino do sul e o do norte. O castelo chamava-se "Asgrind". Isto significava "sombra de Asgard*", e era composto de várias edificações, diques, galerias e pátios que se estendiam até a costa, bem acima do nível do mar, onde havia sido construído um alto e largo paredão.

O mentor espiritual que estava ainda acima do rei e dos druidas chamava-se "Gurnemanz". Era um eleito que vivia no extremo norte, numa grande casa de grossos troncos de árvore, chamada Casa da Neblina. E não era à toa, pois das lagoas e riachos subiam e evaporavam constantemente nuvens de neblina.

Gurnemanz, aliás, já há anos fazia advertências com relação à invasão dos forasteiros:

"Fechai os portos, também para os muitos que se denominam mercadores. Dai-lhes mantimentos e mandai-os de volta para lá, de onde vieram!"

Repetidamente havia pronunciado essa advertência por ocasião das reuniões com o rei e os druidas, realizadas na Casa da Neblina.

"Não tomeis levianamente minha advertência!" exclamara ele uma vez quase desesperado. "Esses forasteiros turvam vossa fé pura,

---

* Olimpo.

solapando a vossa confiança nos seres da natureza e roubando com isso a paz de vossos espíritos!"

Nenhum dos presentes havia esquecido essas palavras. Mas alguns druidas não estavam convencidos de que os poucos forasteiros pudessem causar algum mal ao grande e sábio povo da Atlântida... O rei que governava naquele tempo, Witu, e sua mulher, Uwid, eram, além de alguns poucos druidas, os únicos a compreenderem a advertência de Gurnemanz em toda a sua extensão...

Os forasteiros, contudo, eram ardilosos. Apesar da vigilância, sempre de novo entravam no país. Utilizavam-se das muitas entradas estreitas que conduziam através de fendas nas rochas, das costas até o alto da ilha. O que acontecia com os barcos em que tinham chegado ninguém sabia dizer. Provavelmente apodreciam lá onde os haviam deixado, ou a maré os levava para alto-mar.

Os druidas proibiam, em nome de Gurnemanz, a acolhida de forasteiros. Infelizmente essa proibição, que mais se parecia com um pedido, raras vezes era obedecida. Aliás, com a justificativa de que se devia ajudar um "náufrago" a construir uma nova vida.

Eram as mulheres que, estranhamente, se empenhavam em favor dos "náufragos". Se fosse pelos homens, nenhum dos assim chamados "náufragos" teria permanecido no país.

Os habitantes de um dos distritos do sul eram em parte bons navegantes. Viviam na cidade portuária de Ipoema, construindo suas jangadas à vela. Com ventos favoráveis navegavam mar afora, buscando blocos de corais e esponjas. Os corais constituíam um artigo de troca muito procurado, devido a seu resplendor de cores.

Era estranho que, naquele tempo, mais homens do que mulheres pudessem ver as ondinas. Conforme relato, no passado, muitas vezes, moços haviam-se jogado nas ondas revoltas por causa das ondinas, a fim de serem "salvos" por elas. Ao perceberem repetidas vezes os cadáveres lançados na praia, finalmente compreenderam que as ondinas não eram, pois, da espécie humana.

Constantemente trovadores viajavam de um distrito para outro com seus pequenos instrumentos musicais. Serviam, de certo modo, aos druidas e também ao rei, pois estes lhes confiavam notícias e determinações a respeito das quais o povo deveria ser informado.

Os trovadores sempre se haviam mostrado dignos da confiança de seus superiores. No mais curto espaço de tempo divulgavam as mensagens a eles confiadas, e ao mesmo tempo esclareciam o povo da razão desta ou daquela determinação.

Naturalmente, também não faltavam contadores de histórias que, nos tempos antigos, existiam por toda parte. Estes, em geral, sabiam contar coisas milagrosas sobre a força dos gigantes, a astúcia dos dragões e a prudência e sabedoria de Andwari, o rei dos gnomos. Também os muitos guias invisíveis das crianças e adultos, denominados "dons", que no entanto até então nunca tinham sido vistos por ninguém, constituíam um tema apreciado pelos velhos contadores de histórias.

O povo da Atlântida conhecia também sinais de escrita. Esta assemelhava-se mais aos hieróglifos dos egípcios do que às runas dos posteriores germanos. O sinal do onipotente Criador era uma cruz isósceles rodeada por um círculo ou por um quadrado. Até seus antepassados deviam ter conhecido essa cruz, pois em antiquíssimas pedras de altar, já em estado de decomposição, bem como em ressaltos de rochas, podia ser vista.

O símbolo do mentor espiritual era uma estrela de cinco pontas; o do rei, um círculo com três pontas e o dos druidas, um círculo com uma ponta. Um traço horizontal significava mulher, um traço vertical, homem, e um ponto significava uma criança. Os gigantes eram simbolizados por uma clava e os gnomos, por uma pá. O signo da deusa Atalante era formado por dois olhos com um traço no meio. Mais tarde acrescentaram ainda sinais simbolizando o mal. O X significava um espírito mau. Um X dentro de um círculo era o temido sinal da bruxaria. Cinquenta anos antes do cataclismo já existiam tantos sinais de escrita, que o rei e os druidas podiam enviar mensagens riscadas em placas de cera.

Não havia na Atlântida um culto aos mortos em especial. Eles eram envoltos num tecido forte de folhas, capim e cipós, e enterrados bem fundo nos campos de cultura, onde sempre se plantava linho. Sobre o túmulo colocavam uma pedra de calcário branco onde gravavam uma canoa comprida. Naquele tempo todas as pessoas ainda sabiam que canoas em belos rios as aguardavam, a fim de levá-las ao reino dos espíritos…

As lápides permaneciam apenas um curto tempo nas sepulturas, sendo depois retiradas pela família do falecido e colocadas nos pátios de suas casas como recordação.

Os habitantes da Atlântida eram, naquela época, os seres humanos da Terra que espiritualmente mais se haviam desenvolvido. Seu saber não se originava de sacerdotes, pois não conheciam sacerdotes nem templos. Eles veneravam, desde tempos primordiais, o onipotente Criador que havia criado o Universo. O Onipotente, que vivia em distâncias inimagináveis, havia naturalmente nomeado um substituto que governava o mundo em Seu nome, mas que ao mesmo tempo era senhor e rei de todos os espíritos no mundo. Esse sublime e sagrado Espírito chamava-se Parsival. Seu signo era também a cruz.

Parsival, porém, guardava também, por ordem do Onipotente, o cálice que continha o mistério da vida. Esse cálice era chamado "Heliand*". Os antepassados haviam recebido a notícia sobre Parsival e o cálice Heliand através da filha de um rei, que falecera muito jovem. Ela chamava-se Kundri. Segundo suas declarações, fora enviada à Terra por um ser superior, a fim de trazer ao puro povo da Atlântida a notícia do rei Parsival e do sagrado cálice. Kundri cumprira fielmente sua missão, deixando a seguir a Terra.

Desde então os povos da Atlântida sabiam que no supremo céu vivia um rei que era o senhor de todos eles. Suas vidas dependiam dele, pois em suas mãos encontrava-se também o cálice que continha o mistério da vida... Esse saber enchia-os de grande alegria e também de orgulho... Mas também sentiam intuitivamente que, em todos os momentos, teriam de se mostrar dignos de sua condição humana. Seres humanos indignos, o rei Parsival não reconheceria como seus súditos...

O povo da Atlântida realizava suas devoções a céu aberto. Peregrinavam na época da lua nova e da lua cheia, ao amanhecer, até as pedras de altar que seus antepassados haviam pedido para os gigantes colocarem no meio de belas florestas, geralmente de carvalhos. Lá chegando, doze mulheres posicionavam em círculo

---

* Graal.

doze belos recipientes com velas acesas sobre o respectivo altar. Após isso entoavam canções de gratidão e de louvor em honra do onipotente Criador e em honra de Parsival, seu senhor e rei. Também não esqueciam Kundri, à qual deviam seu elevado saber sobre o Heliand…

Era possível a todos participarem das solenidades de agradecimento, uma vez que havia vários "bosques de altares" em cada província.

Os seres humanos daquela época dirigiam seus raros pedidos somente aos entes da natureza que lhes estavam próximos, já que viviam ao seu redor.

Através de Gurnemanz o povo sabia da existência de um poderoso espírito mau, conhecido sob o nome de "Nyal". E sabiam também que esse Nyal nada mais fazia além de perturbar os seres humanos terrenos e induzi-los a fazer coisas erradas…

Gurnemanz vivia muito afastado do povo. Não obstante, seus ensinamentos estavam vivos nas almas da maioria dos habitantes da Atlântida. Alguns tinham até a impressão de que ele se encontrava continuamente entre eles… Assim também não haviam esquecido que Gurnemanz várias vezes os advertira de que Nyal não somente se tornaria perigoso para os forasteiros, através de insinuações, mas também para eles próprios…

Nas almas de muitos já haviam ocorrido mudanças, unindo-os a correntezas turvas. Somente na hora da decisão se tornaria evidente em que grau tinham sido atingidos por isso…

Entre o povo ninguém pressentia como era grande a preocupação de Gurnemanz por todos eles. O sábio via mui nitidamente as correntezas turvas provenientes do sul, que se alastravam pelo país e que encontravam ressonância lá onde as criaturas humanas tinham-se tornado indolentes espiritualmente. Aproximava-se o tempo em que ele teria de revelar ao povo da Atlântida o cataclismo de seu país…

Existia, pois, uma antiga tradição que dizia que essa terra, um dia, seria coberta pelas águas do mar… Essa tradição era conhecida por todos. Provavelmente, porém, pensavam que esse fenômeno natural se realizaria somente numa época longínqua…

Um ano apenas, e ele teria de informar o casal real, os druidas e a seguir todo o povo sobre o ponto crítico do qual se estavam aproximando. O momento da decisão estava próximo. Podia-se dizer também da prova! Dependeria de como os seres humanos receberiam tal notícia. Será que interiormente ainda estariam tão puros que espontaneamente confiariam nele? Ou será que a influência estrangeira teria penetrado tão fundo em suas almas, que a capacidade de intuição teria sofrido com isso?...

Enquanto Gurnemanz preparava-se para o dia da revelação, e o gigante Chull mostrava-lhe a nova pátria escolhida para o povo da Atlântida, desencadeavam-se fenômenos naturais que assustavam o povo, pois notava-se que forças desconhecidas intervinham perturbadoramente no curso uniforme dos fenômenos da natureza.

COMEÇOU com os ciclones. Desencadeavam-se com fúria sobre a terra e o mar, derrubando árvores até nos bosques dos altares e ocasionando deslizamentos de montanhas, enquanto as chuvas subsequentes alagavam grandes áreas do país.

"A grande Atalante e provavelmente também outros de nossos protetores não estão mais contentes conosco!" pensavam muitas das pessoas mais velhas. "Nunca aconteceu que nossos campos de cultura e safras fossem destruídos por chuvas ou tempestades! Também nossas casas de abelhas nunca tinham sido derrubadas de suas armações como acontece agora!"

Também entre os animais podia-se observar uma certa inquietação. Parecia que algo os espantava. Os lagartos de três metros de comprimento, por exemplo, e que ainda lembravam de certo modo os extintos sáurios, deixavam seus pântanos, arrastando-se sobre prados e campos de cultura. Também os dragões comportavam-se de modo diferente do que faziam normalmente. Revoavam irrequietos, retinindo com as asas e expelindo seu hálito de fogo a pouca altura sobre a terra. Aliás, somente os dragões que não serviam a um "amo"...

Um acontecimento todo especial foi o aparecimento de um homem que, mais tarde, se tornou conhecido como príncipe Syphax. Com ele veio o infortúnio para o país, pois exercia uma influência demoníaca e destrutiva sobre as pessoas. Principalmente sobre jovens mal saídos da infância.

Sua chegada causou grande alarde, não sem motivo, pois foi misteriosa e incomum. A filha do rei, Brunhild, o salvou.

Brunhild, que tinha aproximadamente vinte anos de idade, caminhava na parte da manhã, como tantas vezes fazia, sobre o paredão da praia de vinte metros de altura, a fim de observar as muitas espécies de aves aquáticas que se reuniam na areia rochosa. A primeira coisa que lhe chamou a atenção não foram as aves aquáticas, mas sim uma serpente marinha, cujo comprido pescoço, parecido com o dos dragões, emergia perto da praia. Serpentes marinhas não constituíam outrora nada de especial. Mas tanto quanto a moça pudesse lembrar-se, nunca alguém tinha visto tal animal tão perto da costa e do castelo real. Enquanto olhava com um sentimento de mal-estar para o comprido pescoço que se mexia de um lado para outro, sua atenção foi desviada para o estranho comportamento das aves aquáticas. Elas circundavam alternadamente um objeto comprido, de brilho prateado, que se encontrava numa depressão entre pedras redondas.

Com a curiosidade despertada, Brunhild desceu pelos degraus íngremes até a praia, abrindo com grande esforço um caminho entre as grandes aves. Queria ver o que havia naquela depressão.

Uma criatura humana!... Surpresa e assustada olhou para o homem embaixo que, apesar dos olhos fechados, não dava a impressão de estar morto. O rosto... era um rosto que ela já havia visto em sonho. Fazia poucos dias apenas...

Brunhild, como que atordoada, fitava aquele rosto. Era barbudo. Seus cabelos curtos, pretos e encaracolados estavam secos. A testa apresentava escoriações... O brilho prateado que havia visto da muralha era oriundo de uma couraça que parecia composta inteiramente de pedacinhos de prata.

Finalmente desviou sua atenção do rosto do "morto", observando por algum tempo as grandes garças marinhas que, com seus compridos bicos pontiagudos, cutucavam a couraça de prata. Ao enxotar as aves, ela viu que o homem vestia calças compridas pretas e botinas estranhamente pontudas. Também a camisa que usava embaixo da couraça era preta e de mangas compridas.

Nesse ínterim, Seyfrid, seu irmão, que também gostava de observar a reunião das aves, apareceu na muralha. Ela acenou-lhe, indicando para o homem a seus pés.

— Vai buscar ajuda! exclamou. Temos de carregá-lo daqui e sepultá-lo!

Ele acenou afirmativamente e saiu.

Num curto lapso de tempo voltou com quatro homens. Seyfrid e os homens viram logo, ao descer pelos degraus estreitos, o pescoço erguido da serpente marinha, que parecia tudo observar atentamente com seus grandes olhos redondos.

— Deixemos o morto, ele pertence à serpente!

Os homens hesitaram. Aí, Seyfrid bradou à sua irmã:

— Voltemos! O morto pertence à serpente, senão ela não se teria aproximado tanto dele! repetiu insistentemente.

Brunhild lançou apenas um olhar de aborrecimento para o seu irmão, enquanto pedia com insistência aos homens para que carregassem o morto para cima.

— Ele usa uma couraça prateada… talvez seja um rei!

Relutantes, os homens seguiram a moça que ia à frente. Não eram supersticiosos. Mas interpretavam com exatidão os sinais e as advertências que os seres da natureza lhes transmitiam.

Brunhild deu um grito ao olhar para o "morto". Ele ainda se encontrava na mesma posição de antes, contudo seus olhos estavam abertos, olhando com surpresa para os muitos pássaros que o circundavam. Seyfrid olhou para o homem e voltou-se a seguir, subindo lentamente os degraus. Não tocaria nesse indivíduo.

Contrariados, os quatro homens aproximaram-se. Vendo que o estranho estava vivo, ajudaram-no a levantar-se, deixando-o depois aos cuidados de Brunhild, que o tomou pelo braço e o conduziu lentamente pela praia até a subida de acesso. Ali, os quatro homens novamente tiveram de intervir, puxando-o energicamente para cima. As pernas do estranho pareciam completamente enrijecidas.

Chegando em cima, Brunhild encostou-o na muralha para que ele se refizesse um pouco. Nesse ínterim, Seyfrid havia informado o rei sobre o caso.

— Somente pode tratar-se de um náufrago! opinou Witu, desinteressado. Estou admirado, apenas, por nenhum destroço de navio ter aparecido na praia... O homem, pois, está vivo. Isso significa que, bem perto, alguma coisa deve ter acontecido com seu navio.

— Mas a serpente! exclamou Seyfrid. Nunca tal animal entrou em nossa baía!...

Seu filho tinha razão. Ele também não podia lembrar-se de que nesse lado da ilha tivesse sido vista uma dessas serpentes. No lado oriental, frequentemente eram vistas. Aliás, na região onde uma das cavernas de estalactites tinha uma comunicação com o mar.

— Ela chegou mais perto! disse Seyfrid agitado. Lá onde a serpente estica seu pescoço, o homem estava deitado... decerto já se encontrava morto, mas Brunhild, essa boba, tinha de despertá-lo novamente para a vida! murmurou Seyfrid para si mesmo.

Witu observava o pescoço da serpente, de pelo menos dois metros de comprimento. Assemelhava-se mais ao pescoço de um dragão... Via também seu grosso e disforme corpo e a cauda de vários metros de comprimento, que batia agora furiosamente de um lado para outro debaixo da água. O rei também sentiu intuitivamente o aparecimento da serpente como algo sinistro... Teve de contrariar sua vontade, para ir até o homem que sua filha acabara de salvar.

Brunhild olhou suplicante para o pai.

— Ele morrerá se não receber ajuda imediatamente.

— Carregai-o para a Casa da Rocha! ordenou Witu aos homens que o mantinham em pé.

Depois, dirigiu-se ao filho:

— O estranho desagrada-me tanto quanto a ti!

— Por que mandas levá-lo para a Casa da Rocha, pai? Por que não, para o castelo de hóspedes? perguntou Brunhild quase chorando.

— Estou esperando hóspedes bem-vindos. Esse estrangeiro, porém, não me é bem-vindo... não obstante terá todo o trato de que necessitar.

A CASA da Rocha era composta de dois compartimentos grandes, de pedra, parcialmente engastados na rocha. A construção foi, naturalmente, obra dos gigantes. Às criaturas humanas isso nunca teria sido possível.

Os homens haviam carregado o forasteiro para a Casa da Rocha, deitando-o numa cama de galhos de salgueiro coberta com uma grossa camada de capim. Nesse ínterim, Brunhild contara à sua mãe tudo sobre o salvamento do estranho.

— Ele é certamente um príncipe! acrescentou. Debaixo de sua manga rasgada, vi o reluzir de um bracelete de ouro! Necessita, porém, de ajuda…

Uwid não formulou nenhuma pergunta, pois sabia de tudo através de seu filho Seyfrid.

— Vinho de ervas e mingau doce de aveia vão curá-lo, isto é, se ainda puder ser curado!

Modred, irmã de Uwid, que também estava presente, logo encheu uma caneca com o precioso vinho de ervas, bem como uma tigela com o mingau doce de aveia, colocando ambas numa bandeja de estanho e juntando ainda uma espécie de colher feita de concha. Seguida de Brunhild, dirigiu-se à Casa da Rocha.

Uwid seguiu lentamente as duas. O estranho abriu os olhos no momento em que ela entrou no compartimento. Um dos homens levantou-o, enquanto Modred ministrava-lhe o vinho de ervas. Uwid rapidamente deixou o recinto. Sentiu aversão, asco até. Nunca lhe acontecera tal coisa… Não obstante, deu ordens de que o tratassem da melhor forma possível. Quando estivesse curado, faria com que deixasse imediatamente o país…

Witu enviou, nesse ínterim, mensageiros aos habitantes dos portos do sul. As pessoas que lá moravam sempre estavam a par, através dos mercadores, do que acontecia com os navios. Decerto deveriam ter escutado algo a respeito de um naufrágio, pois o forasteiro tinha de ter chegado de alguma parte…

Depois de aproximadamente duas semanas, os mensageiros estavam de volta, pois os cavalos de pelo longo e cascos largos, que pouco se pareciam com os cavalos de hoje, eram muito resistentes e velozes.

Um comerciante que aportava com sua embarcação havia, sim, falado sobre um naufrágio que ocorrera cerca de quatorze dias antes, relataram os mensageiros.

— Ele viu pranchas, bem como outros fragmentos de navio, boiando nas ondas. Um banco chegara tão perto de sua embarcação que ele o recolhera...

— Impossível que esse homem possa ter ficado no mar durante quatorze dias! disse Uwid, quando os mensageiros nada mais tinham a relatar. Deve haver outra explicação para a presença dele em nossa baía!

Nesse ínterim, o forasteiro havia sarado. Contudo, seu aparecimento misterioso no distrito do rei continuava sem explicação, visto que ninguém entendia sua língua. Quando ficou melhor, Ot, o moço incumbido de cuidar dele, esfregou-lhe o rosto com uma essência de cascas e raízes. Tão logo a essência secou, raspou com uma faca de estanho a espessa barba preta.

— Agora pareces um ser humano! disse Ot, contemplando contente a sua obra.

Estava um pouco decepcionado, pois o forasteiro parecia não se interessar por nada que acontecesse ao seu redor. Sentado numa cadeira de vime em frente à Casa da Rocha, usava uma túnica branca e calçava sandálias.

Brunhild, que o visitava diariamente, foi a primeira a ver seu rosto livre da barba. Ele sorriu, algo escarnecedor, ao ver o olhar de admiração dela. Depois contemplou-a pela primeira vez e constatou que era uma moça muito bonita. Seus olhos eram azuis como as flores que entretecera em suas longas tranças loiras. Na pátria longínqua dele, não havia mulheres loiras... "Deveria usar os cabelos soltos!" pensou... "Como as sereias!..."

Nesse dia Brunhild deixou rapidamente o forasteiro. O olhar de seus olhos verdes causara-lhe palpitações. Procurou sua mãe e disse quase cochichando:

— Mãe, o homem tem um belo rosto. De aparência nobre. Com a espessa barba, isso naturalmente não era reconhecível.

Uwid olhou com preocupação para sua filha. Se esse homem fosse nobre, não teria se sentido tão desapiedada e fria para com ele. A voz que vinha da alma nunca errava. A pedido de Brunhild, Uwid foi ver o forasteiro no dia seguinte. De certo modo teve que dar razão à sua filha. O rosto bem proporcionado dele, com os olhos verdes, poderia ser chamado de nobre e belo, se não estivesse presente um traço de crueldade, nitidamente visível para quem pudesse olhar mais profundamente...

"Se ao menos eu pudesse lhe falar!" suspirou Brunhild. "Ele estava deitado tão bem protegido naquela depressão... A serpente marinha, certamente, apenas esperava pela sua morte..."

ALGUMAS semanas mais tarde o desejo de Brunhild tornou-se realidade. Dois discípulos de Gurnemanz, que haviam passado vários anos na Casa da Neblina, visitavam o casal real. Originavam-se do povo dos *hadeos*. Nenhum dos habitantes da Atlântida conhecia o país desses homens.

— Temos diante de nós uma viagem marítima de dois meses! disse um deles. Mas, por sorte nossa, no meio do caminho encontra-se uma ilha onde podemos obter proteção contra as tormentas, bem como alojamento e víveres! Agradecidos e ricos em saber, voltamos para a nossa pátria.

Depois dessas palavras entregaram ao rei uma pequena tábua de cera onde estava gravada uma mensagem. Essas pequenas tábuas eram muito resistentes, sendo feitas de uma mistura de cera e fibras.

Witu determinou a Seyfrid que conduzisse os visitantes à casa de hóspedes, depois acomodou-se junto a uma mesa e tirou a tábua de cera de um invólucro de couro. A mensagem nela contida consistia em apenas quatro sinais: um traço vertical, a forma de uma porta, um X e duas linhas onduladas superpostas. O rei olhou pensativamente para a tábua, meneando afirmativamente a cabeça. Havia compreendido imediatamente a mensagem que Gurnemanz lhe mandara. Ela dizia:

"Um homem entrou em tua casa; é um homem mau. Manda-o para o mar."

"Manda-o para o mar!" estava ali marcado pelas duas linhas onduladas, significando que deveria expulsar do país o homem que viera para a sua casa.

— E isto acontecerá! disse Witu em voz alta para si mesmo.

Seyfrid, com os visitantes, atravessou o pátio que dava passagem para a casa de hóspedes, e então ouviu alguém chamá-lo. Era Ot, que visivelmente alegre vinha ao seu encontro, acompanhado de um homem que se apoiava nele levemente.

— Ele já pode andar sozinho...

O forasteiro, que agora novamente vestia calça e camisa pretas, logo despertou a atenção dos dois visitantes.

— É um náufrago! disse Seyfrid explicando. Nada sabemos dele, uma vez que não entendemos sua língua.

Depois dessas palavras quis continuar caminhando.

— Espera! Pode ser que possamos comunicar-nos com ele! disse um deles.

Seyfrid olhou para o estranho que, com seu sorriso indefinível, frio e arrogante, os contemplava perscrutadoramente. Nesse momento, Seyfrid, de dezessete anos de idade, sentiu uma tristeza inexplicável. Parecia-lhe que, de um momento para outro, sua vida se tivesse alterado... Os outros seguiram mais alguns passos, mas ele ficou parado. Seu coração palpitava fortemente, pois tinha o sentimento inconfundível de que alguém estava ao seu lado, alguém que ele não podia ver, mas que lhe queria transmitir uma mensagem. Gostaria de ter virado a cabeça, mas todo o seu corpo estava como que paralisado.

> "Criaturas humanas que em vidas terrenas anteriores estiveram ligadas entre si mais estreitamente serão sempre novamente conduzidas umas para as outras, por uma força imperscrutável aos seres humanos!"

Seyfrid havia entendido o que o invisível ao seu lado lhe havia transmitido. Pois sabia, através de seus pais, que cada ser humano tinha de voltar várias vezes à Terra...

A sensação paralisante cedeu, e, aspirando fundo, percebeu que novamente podia mover-se. Contudo, permaneceu parado, aguardando, na expectativa de que não se efetivasse nenhuma comunicação entre o forasteiro e os visitantes. Mas se enganou. Em breve ficou constatado que um dos viajantes, chamado Kepros, entendia a língua do forasteiro e de bom grado serviria de intérprete.

— É o príncipe Syphax. Conheço o pai dele! dizia Kepros a Seyfrid. O príncipe pede para ser conduzido até o rei.

Levado à presença do rei, o forasteiro falou:

— Meu nome é Syphax, e descendo de um povo que vive em Xadrumet! começou Kepros a traduzir. Sou o filho mais velho e deveria assumir em breve o governo. Porém, todo o meu amor era dedicado ao mar... Qualquer um que não é cego e surdo pode governar... mas para velejar num navio pequeno, nas ondas revoltas de uma tempestade, é necessário ter coragem!

— O país dele acha-se muito distante do nosso! disse o rei para Kepros. Pergunta-lhe o que aconteceu com seu navio e como foi possível chegar ainda com vida à nossa costa.

Aparentemente Syphax não sabia como deveria responder a essa pergunta, pois fez uma pausa prolongada.

— Meu navio era pequeno, porém seguro para navegar, tendo suportado já várias tormentas. Éramos oito homens... Somente me lembro de que surgiu uma tempestade e que minha cabeça bateu contra algo duro... não me recordo de mais nada.

Depois de um curto lapso de tempo, acrescentou que já desde pequeno ajudava na construção de navios...

O rei fez-lhe a seguir um curto relato de seu salvamento. Enquanto falava, desapareceu a expressão cruel do rosto de Syphax. Depois que Witu terminou de falar, o estranho pediu que lhe fosse permitido permanecer no país até aprender a língua da terra.

— Deve ser um país extraordinário, misterioso, caso contrário eu não teria sido trazido até aqui!

O rei hesitou. Tornava-se difícil para ele dar o consentimento. Um mundo separava-o desse príncipe estranho. Assim como se não fossem criaturas humanas da mesma Terra...

Brunhild quase tremeu de impaciência. Por que seu pai hesitava… Era um príncipe… ela mesma não sabia o que se passava consigo… Ainda não trocara nenhuma palavra com esse príncipe, não obstante sentia-se irresistivelmente atraída por ele…

Kepros compreendeu bem por que o rei hesitava. Através de Gurnemanz sabia que nenhum estrangeiro, nem no sul nem no norte, recebia permissão de permanência mais prolongada. Esses forasteiros apenas haviam trazido inquietação para o país…

— Se me for permitido ficar ainda algum tempo, o desejo do príncipe poderá ser realizado! disse Kepros, fazendo uma profunda reverência diante do rei. Calculo que dentro de seis meses ele terá aprendido a língua; depois, certamente, terá saudades de sua pátria.

O rei, então, querendo ou não, teve de dar seu consentimento. Brunhild mal conteve as lágrimas de alívio. Com um intérprete ao lado, finalmente poderia falar com o príncipe estrangeiro.

Seyfrid virou-se sem pronunciar nenhuma palavra, deixando o terraço onde seu pai e os outros estavam sentados. Não compreendia por que seu pai havia permitido a esse Syphax ficar no país. Gostaria de ter falado com Uwid, sua mãe, mas ela não se encontrava no castelo. Ele necessitava de compreensão e consolo…

A história do salvamento do príncipe estrangeiro espalhou-se por toda parte. As opiniões sobre ele, naturalmente, eram divididas.

"O rei deveria expulsá-lo do país, tal como os outros, e o mais breve possível. O extraordinário aparecimento de uma serpente marinha, pois, somente pode ter sido uma advertência! Uma advertência feita pelo senhor dos mares, pois esse Syphax, decerto, é um dos espíritos maus dos quais já ouvimos falar."

Outros, por sua vez, eram de opinião de que deveria tratar-se de um ente querido do povo marinho…

"Provavelmente os cavalos-marinhos o carregaram em suas largas barbatanas até nós… talvez devamos aprender algo com ele… Também pode ser que seu destino tenha de se cumprir entre nós…"

Os homens expressaram suas opiniões, mas depois esqueceram-no. No entanto, isso não aconteceu com as mulheres. O príncipe estrangeiro despertava a curiosidade delas. E ainda a aparência dele diferia tanto dos seus próprios homens, visto que estes o superavam em altura por mais de uma cabeça e nunca usavam roupa preta. Enquanto suas rocas rangiam, trocavam impressões sobre ele, tentando adivinhar como seriam as mulheres em sua pátria, como se vestiam e se enfeitavam...

Na manhã seguinte à da reunião com Syphax, o rei Witu voou no seu dragão até Gurnemanz. Havia agido diferentemente do que lhe fora aconselhado, e isto não o deixou sossegado...

Gurnemanz, como sempre, recebeu o rei de modo sério, porém bondoso. Sabia, naturalmente, o que havia acontecido no castelo.

— Ficaste indeciso e hesitaste em seguir meu conselho! começou logo. Bastou isso para que esse Syphax impusesse a sua vontade. Naturalmente isto não se tornou consciente em ti. Ele percebeu teu hesitar e, com isso, a causa dele estava ganha!

O rei estava sentado numa cadeira de vime diante de Gurnemanz.

— Eu, o rei, não tive confiança suficiente! Como nosso povo assimilará a notícia do cataclismo de nosso país? Seria suficientemente grande a sua confiança para aceitar de bom grado a decorrente modificação de suas vidas?

Gurnemanz mal havia ouvido as palavras e a autoacusação do rei. Preocupava-se ainda com o príncipe estrangeiro.

— Temos muitos estrangeiros no país! começou ele a falar pensativamente. Suas religiões esquisitas já perturbaram muitos dos nossos habitantes, desviando-os do caminho reto... Não obstante, não puderam causar muito dano... Mas esse Syphax é diferente... ele é perigoso!

— Perigoso? interrompeu Witu, apavorado, as palavras de Gurnemanz.

— Sim, perigoso, pois ele conhece o poder da palavra! Sabe como se devem usar as palavras para seduzir os outros! Só por este motivo esse homem é tão perigoso para o nosso povo... e mais ainda por estar o povo diante de uma encruzilhada...

Gurnemanz olhou perscrutadoramente para Witu. Às vezes se sentia tão distante do mundo humano, que lhe era difícil compreender suas ações.

— Em breve tudo mudará! disse Witu oprimido...

— Sim, logo virá a época da prova! confirmou Gurnemanz. De tempos em tempos todos os povos da Terra são expostos a provas! continuou o grande sábio. Só assim pode ser verificado, de um plano superior, o grau de maturidade do desenvolvimento humano!

Witu meneou a cabeça afirmativamente.

— Eu desejaria que a época em que todos serão informados do acontecimento vindouro já tivesse chegado… A espera torna-se difícil para mim.

— O tempo de espera logo passará… A reunião, dessa vez, não se realizará aqui, mas em teu castelo. Em tempo te mandarei avisar para que nessa ocasião todos os druidas, junto com suas mulheres, estejam presentes quando eu chegar.

— Logo, estás dizendo?

Witu mal podia esconder o alívio que sentia. Temia mais incidentes… esperava que não chegasse à praia novamente um suposto morto…

O CAVALO de Gurnemanz pastava próximo do dragão de Witu. O dragão, que atendia pelo nome de "Tak-Tak", debicava, dos galhos de densos arbustos, gostosas frutas, semelhantes a cerejas. Quando Witu, seguido de Gurnemanz e alguns moços de rostos bronzeados pelo sol, chegaram ao campo onde ambos os animais pastavam amigavelmente, Tak-Tak deu um grito que soou como um grasnar e afastou-se dos arbustos. Ao mesmo tempo relinchou o cavalo, trotando ao encontro de seu amo. Gurnemanz ofereceu a cada animal um doce de mel, que logo foi comido ruidosamente; depois Witu montou no seu dragão, que se abaixara um pouco para que seu amo subisse mais facilmente.

Quando Witu chegou ao palácio e atravessou o grande saguão, veio ao seu encontro Uwid, sua mulher, com o rosto em prantos.

— Em nosso país cometeu-se um crime. Gundhar está esperando por ti no salão do conselho.

Gundhar, o druida do distrito real, visivelmente consternado, dirigiu-se ao rei quando este entrou no salão.

Witu não estava muito preocupado. Já por várias vezes ouvira a respeito de brigas e tentativas de morte, das quais haviam participado forasteiros.

— A jovem Teschute, que há alguns anos se casou com Dória, jogou seu filho recém-nascido no rio! A seguir comeu um cogumelo venenoso, morrendo em consequência disso, disse Uwid, soluçando.

Witu deixou-se cair pesadamente numa cadeira. Conhecia Teschute desde pequena. Era um pouco mais velha do que Brunhild.

— Ela casou-se com um forasteiro. Agora me recordo. O nome dele era Dória. Não causava má impressão… Mas era um forasteiro…

— Ele sabia lapidar pedras preciosas! acrescentou Uwid.

— Sabia? Está morto também? perguntou o rei.

— Ele desapareceu. Alguém o viu caminhando para o norte! respondeu Gundhar.

Uwid soube através da irmã de Teschute o que ocorrera. E contou:

— Teschute sempre teve medo de dar à luz uma criança. Amava seu marido, contudo nada sabia de sua vida anterior. Após quatro anos, no entanto, aconteceu de ela dar à luz um filho. Uma criança com a cabeça excessivamente grande e um pé aleijado. Uma criança com uma mácula que somente poderia originar-se de uma vida terrena anterior… Teschute ficou fora de si. Enrolou um pano tão apertado no pescoço da criança, que a asfixiou… Depois a envolveu em outro pano, carregando-a durante uma hora em direção ao sul, onde o grande rio desemboca no mar. Lá jogou o corpo morto da criança nas águas.

No dia seguinte, o lobo de Teschute encontrou-a já morta, debaixo de um arbusto, nas proximidades de sua casa. Então começou a uivar tão horrivelmente, que alguns moradores próximos foram lá para ver o que se passava com o lobo… É uma história triste…

O rei permanecia sentado, como que atordoado.

— Teschute era membro do nosso grande povo, que desde tempos inimagináveis nunca maculou sua dignidade humana… Qual a explicação que tens para o crime que ela cometeu? perguntou ao druida.

— Explicação não tenho nenhuma. Recordo-me, porém de uma conversa que tivemos com Gurnemanz já há anos.

Witu e também Uwid acenavam. Agora eles também se lembravam.

"Os seres humanos são acessíveis não somente a influências boas, mas também a influências más! O que é bom e o que é ruim cada um sabe. As boas como também as más influências atuam de modo determinante sobre as sucessivas vidas terrenas! Pois no atuar presente o ser humano forma sua existência futura!"

Todos três pensaram em Teschute, quando se lembraram das palavras de Gurnemanz.
O lobo de Teschute, aliás, viveu apenas poucos dias mais do que sua dona. Foi encontrado morto sob o arbusto onde ela falecera e onde também foi sepultada. Durante meses seguidos, pessoas capazes de ver as almas de falecidos observavam Teschute com um embrulho nos braços, seguida por seu lobo, caminhando pela estrada que levava até o grande rio...
Entristecida, Uwid pensava em Teschute.
— A próxima vida terrena dela será sombreada de tristeza e sofrimento! disse pensativamente.
Brunhild olhou aborrecida para a sua mãe.
— Ela cometeu um ato ruim e num tempo vindouro terá de remir. Isso é mais do que justo!
Witu estava indignado. Nem reconhecia mais a filha. Não foram as palavras que o indignaram, mas o tom odioso com que elas haviam sido pronunciadas...
— Apenas digo o que me ensinastes! exclamou Brunhild.
Logo depois deixou o salão.

N<small>O REINO</small> da Atlântida desconheciam-se escolas. As crianças aprendiam tudo que deviam saber através de seus próprios pais. Desde pequenas eram acostumadas a todos os trabalhos em casa e no campo. Isto continuava até se tornarem adultas. Se então um dos filhos ou uma das filhas quisesse aprender algo que não pudesse ser ensinado no lar, passava a conviver como aprendiz junto a pessoas que tivessem as aptidões almejadas.

O povo era muito engenhoso, e tanto no norte como no sul havia grandes artistas e artesãos… No que se referia aos trabalhos em metal e pedras preciosas, bem como em escultura, não ficavam atrás dos povos posteriores que se tornaram célebres por suas obras de arte. Também não faltavam botânicos, geólogos e especialistas em tintas. No sul do país havia também alguns "estaleiros". Aliás, construíam-se somente pequenas embarcações costeiras. Ao contrário de muitas suposições, os atlantes não eram um povo de navegadores.

Uma vez que não havia sacerdotes no país, as crianças aprendiam com os pais também tudo o que se referia à religião. A respeito do trabalho, esse povo de outrora tinha a mesma opinião que os incas. Dizia-se na Atlântida:

"A vida terrena é ligada ao trabalho! Até a morte terrena o ser humano deve fazer algo! Assim foi determinado outrora, quando surgiram as criaturas humanas!"

A Lua exercia uma grande influência sobre todo o povo:

"A Lua incentiva as forças da Terra, elevando as águas, armazenando-as no seu interior."

Por isso eles semeavam, plantavam e colhiam somente nas fases lunares determinadas para isso. Os mansos carneiros silvestres, que pastavam por toda parte nos campos, eram tosquiados somente nas noites de lua cheia.

"A serena luz da lua acalma os animais!" respondiam eles às perguntas a tal respeito.

Também somente colhiam o mel das abelhas em noite de lua cheia. Caminhavam com tochas acesas, noite adentro, até as cestas das abelhas, que muitas vezes se encontravam nas suas armações bem afastadas das habitações. Os favos eram colocados em cestos tão bem revestidos por dentro com determinado tipo de folhas, que não se perdia nenhum pingo de mel.

"Em noites de lua cheia as abelhas dão, de bom grado, de sua fartura." Isto eles sabiam através de Dir, a protetora das abelhas. Já em tempos remotos Dir havia explicado a seus antepassados como deveriam tratar dos pequenos bichinhos do mel...

Aliás, naquele tempo, ainda circulavam duas luas ao redor da Terra. A segunda lua era menor e menos brilhante, sendo denominada "Estrela Lunar". Na época ninguém parecia dar grande importância à Estrela Lunar, embora a profecia do cataclismo do país estivesse ligada a ela.

CERTO dia, ao anoitecer, Uwid estava sentada num banco de pedra com um encosto cômodo, banco esse que fora presente de um gigante. Tinham-se passado cerca de três meses desde a chegada de Syphax. Sorrindo, ela observava uma ave parecida com pavão, que diligentemente tentava bicar as pérolas de suas compridas tranças loiras...

Estava tão entretida na brincadeira do animal, que se assustou quando de um dos pátios externos soou um toque de corneta. Visitantes a essa hora?... Podia ser também Seyfrid que desde algum tempo exercitava-se com a corneta. Naturalmente fazia isso apenas para impressionar o seu "futuro" dragão.

O acompanhante de Uwid, um lobo já muito velho, saiu debaixo do banco onde dormia, olhando atentamente ao redor. Modred chegou, informando que um emissário de Trygve, o druida do quarto distrito sulino, chegara.

— Ele está esperando no salão de recepção e tem uma mulher com ele.

"Uma mulher? Decerto outra vez uma forasteira!" pensou a rainha preocupada, enquanto seguia sua irmã. O emissário, irmão do druida, colocou a mão sobre o coração em sinal de saudação, inclinando-se diante da rainha. Depois perguntou se ela queria ouvi-lo logo ou somente no dia seguinte.

— Acomodai-vos. Depois do copo de vinho de boas-vindas, estarei pronta para ouvir-te.

Seyfrid entrou na sala, carregando uma pesada bandeja de estanho, onde se encontravam duas canecas com vinho de mel. Após colocar a bandeja numa mesa, pegou uma caneca, entregando-a ao emissário que se levantara.

— Bebe o vinho! Provém das pequenas servas de Dir! Ele te fortalecerá, tirando o cansaço! disse Seyfrid amavelmente.

Depois pegou a segunda caneca, entregando-a à mulher, sem nada falar.

A forasteira, de certa forma, fez Uwid lembrar-se de Syphax, e, tal como ele, não lhe agradou. Ambos tinham uma tez morena e cabelos pretos crespos. Ela parecia de meia-idade.

— A mulher chama-se Tus! começou o emissário. Origina-se de uma ilha muito distante. Uma ilha ainda pertencente a Xadrumet.

— Xadrumet? perguntou Uwid surpresa.

Syphax pronunciara essa palavra uma vez, quando Witu lhe perguntara pelo nome de sua pátria.

Na realidade ninguém sabia de onde ela viera. O capitão do navio mercante que a havia trazido à Atlântida recebera-a de um outro navio, que tal como o dele ancorara numa determinada ilha a fim de abastecer-se de água fresca e de vegetais. O destino desse outro navio não era a Atlântida.

Quando Tus soube do navio que seguiria para a Atlântida, pediu ao capitão com voz suplicante que a levasse ao país de "seus sonhos", o país dos dragões. Inicialmente ele não estava disposto a satisfazer seu desejo. Achava que mulheres nada tinham perdido em navios. Somente quando ela lhe ofereceu como pagamento a mão cheia de pedras preciosas, consentiu em levá-la.

— Tus é uma costureira muito hábil! continuou o emissário. Com a sua capacidade, rapidamente conquistou a benevolência de nossas mulheres.

Nesse ínterim, Tus dirigiu-se, com uma grande bolsa de corda que carregava consigo, até a mesa onde se encontrava a bandeja, afastando cuidadosamente as duas canecas para o lado. Logo depois tirou um objeto após outro da bolsa, colocando-os na bandeja.

Surgiram, então, pequenas obras de arte. Diademas de pérolas e ônix preto, grinaldas com flores de delicados corais brancos e vermelhos e flores de pequenas conchas e pérolas, destinadas principalmente às crianças. Também se encontrava aí uma espécie de coroa de prata, enfeitada com pedras preciosas verdes, desconhecidas na Atlântida. No entanto, isso ainda não era tudo. Apareceram ainda outras obras de arte. Pequenas cabeças de animais esculpidas e tingidas, cujos olhos eram minúsculas pedrinhas coloridas. Todas elas pendiam em cordões, de modo que podiam ser usadas no pescoço.

Uwid contemplou as obras de arte. Via-se que todas eram trabalhadas com grande cuidado. Gostaria de alegrar a estranha com um elogio. No entanto, não conseguiu pronunciar palavra alguma. Levantou indecisa o olhar, notando então o estranho amuleto que Tus trazia pendurado num colar de pérolas em volta do pescoço.

— É uma cobra. Trançada inteirinha de cabelos humanos. O trabalho foi muito penoso. Em lugar dos olhos eu coloquei uma minúscula coroa de lascas de ossos na cabeça triangular! explicou Tus com orgulho na voz.

Uwid sentiu um calafrio. Não gostava de serpentes.

— Guarda tuas preciosidades, elas são muito bonitas!

— São presentes!

Com essas palavras Tus ajoelhou-se, oferecendo a bandeja à rainha.

— Presentes! murmurou Uwid, aceitando a bandeja quase a contragosto.

Seyfrid veio em socorro de sua mãe, pegando a bandeja e recolocando-a na mesa.

— Estamos aqui porque Tus pediu insistentemente a meu irmão que lhe fosse permitido costurar para a rainha. Seria uma retribuição pela permissão de morar no país. Ela fala bem a nossa língua e é realmente muito hábil.

Uwid meneou a cabeça compreensivamente. Apenas lhe era um enigma o porquê de a mulher, que já estava há anos no país, não haver manifestado antes o desejo de costurar para ela. Decerto havia algum motivo secreto para a sua vinda.

— No momento não temos nenhum alojamento para ela. A única casa desocupada não posso oferecer a ninguém.

O emissário acenou concordando. Tal como todos os outros, ele, naturalmente, conhecia a história da infeliz Teschute. Por isso, logo soube a que casa a rainha se referia.

— Não tenho medo de espíritos. Sei como tratá-los. Ali habitava uma mulher que estrangulou seu filho. Sei também que o espírito dessa mulher ainda não deixou a casa! disse Tus algo prepotente.

Uwid, porém, não estava disposta a tolerar essa mulher nas suas proximidades.

— Posso até ajudar essa infeliz Teschute, rainha, se quiseres deixar-me morar lá por um curto lapso de tempo!

Uwid ficou insegura.

— Como queres ajudá-la? Teschute sobrecarregou-se de uma culpa que somente ela própria pode remir, e nenhum outro! falou a rainha.

— Se eu morar junto dela, não mais ficará só e abandonada. Compartilhando de sua dor, poderei ajudá-la muito! respondeu Tus.

Uwid cedeu, apesar de a mulher com o amuleto de serpente não lhe inspirar confiança.

— Se achas que podes ajudar a infeliz Teschute, então não quero negar tal ajuda. Ocupa a casa e fica algum tempo conosco!

A fim de provar sua gratidão, Tus ajoelhou-se aos pés da rainha, tocando o solo com a testa. No íntimo sorria zombeteiramente. Que rainha era essa que se preocupava com um espírito irrequieto?...

Ela, Tus, viera de um país onde havia um templo no qual se adorava um "deus-macaco". O assim chamado deus, naturalmente, era um homem que escondia sua identidade atrás de uma roupagem de pele de macaco. Doze sacerdotisas, chamadas também "virgens do templo", serviam-no. Exclusivamente moças, que, tendo atingido determinada idade, eram logo substituídas por outras mais jovens. Essas moças eram consideradas intocáveis. Intocáveis por todos, menos pelo suposto deus... Tus tinha sido guardiã no templo, e uma de suas tarefas era cuidar da roupa e dos enfeites das virgens do templo. Ao mesmo tempo era a confidente do deus-macaco. Ele era desconfiado e ardiloso, exigindo dela submissão cega. Se acaso uma de suas virgens ficasse grávida, então ela imediatamente tinha de interromper essa gravidez. Para isso utilizava um chá de raízes que não deixava de ser perigoso. No entanto, sempre tivera sorte. As moças suportavam bem esse tratamento violento.

Chegou um dia, porém, em que a sorte a abandonou. Uma das moças não suportou esse chá de raízes, morrendo em seguida. Tus ficou fora de si de medo. Pois tratava-se da virgem predileta do deus. A morte de qualquer outra moça não teria tido muita importância. Simplesmente seria substituída. Se quisesse sobreviver, somente lhe restava a fuga… Sumiu do templo na calada da noite, procurando refúgio junto a um marinheiro que conhecera. Chegou no momento certo, pois tudo estava pronto para a partida. O destino do navio foi a ilha onde também ancorara o navio que acabou levando-a para a Atlântida.

A rainha tinha razão. Havia um motivo secreto que atraíra Tus ao distrito do rei. Queria conhecer o homem que havia chegado à praia do castelo de modo tão misterioso. Sua ilha de origem fazia parte de um país governado por um rei Syphax. Provavelmente se tratava de um filho dele, pois Syphax tinha dois filhos, os quais eram ainda adolescentes quando ela desapareceu de lá. Ambos causavam muita preocupação ao rei. Pois um dos jovens somente se interessava pelo mar e por navios, enquanto o outro não queria tornar-se o sucessor do pai, mas sim sacerdote. No país de Syphax não existia um deus-macaco, mas um templo onde sacerdotes oficiavam.

SYPHAX, nesse ínterim, acostumara-se bem no país. Kepros, após alguns meses, tinha voltado para a sua pátria, pois Syphax não mais precisava dele para comunicar-se. Ele havia encontrado "professores de língua" com os quais não contara. Eram jovens da idade de Seyfrid. Primeiramente veio um, depois vários e logo estava circundado por um bando inteiro. Acompanhavam-no em seus passeios nos largos diques de proteção que os gigantes haviam erguido na direção norte, contra o mar que avançava. Iam também à sua casa, esforçando-se em ensinar-lhe sua língua. Dessa maneira, mais rapidamente do que esperara, ele pôde não somente compreender os outros como também conversar com eles.

Syphax gostou da Atlântida. E resolveu ficar. Mesmo contra a vontade do rei. Naturalmente, não lhe passou despercebido que a família real o evitava. Brunhild era uma exceção. Abertamente mostrava estar interessada nele. Era uma moça muito bonita e poderia ser mais bela ainda se usasse soltos seus compridos cabelos loiros, pensava Syphax... também deveria usar vestidos sem mangas... e se ele a tomasse como sua mulher, nem o próprio rei poderia expulsá-lo do país...

Brunhild, nesse tempo, chorava muitas vezes desesperadamente em seu quarto de dormir. Amava o homem que havia salvo... Esse amor havia-se infiltrado no seu coração, sem que tivesse cooperado para tanto... Seus pais não gostavam dele, e seu irmão Seyfrid o repudiava. Também não tinha ninguém com quem pudesse falar sobre seu amor.

Certo dia chegou Gundhar, o druida, solicitando uma reunião com o rei. Gundhar morava cerca de dez léguas distante do castelo do rei, aliás numa casa na encosta de um morro, semelhante a uma fortaleza.

Witu conduziu o visitante a um dos terraços, onde havia diversos bancos de madeira com bonitos entalhes. Logo depois, um dos ajudantes do rei trouxe um jarro com vinho de mel e duas canecas, enchendo-as a seguir e oferecendo-as primeiramente ao visitante e depois ao rei.

Gundhar bebeu um pouco do vinho, recolocando a caneca na bandeja. Dava a impressão de preocupado e cansado. Witu também estava oprimido. Ele aspirava fundo o ar puro que vinha dos prados e florestas, seguindo com os olhos os bandos de pássaros que se dirigiam para o norte...

— Meu filho Hagen perguntou-me por que não há nenhum templo e nem sacerdotes em nosso país! começou Gundhar. Ele e vários outros jovens fizeram amizade com o príncipe Syphax... e este explicou-lhes que um povo sem sacerdotes nunca poderia alcançar o país da eterna alegria no Além. Para isso são necessários intermediários – os sacerdotes – que mediante suas doutrinas ajudam os seres humanos a se tornarem bem-aventurados...

Witu estremeceu. Parecia-lhe que seu coração havia recebido um soco.

— Syphax espalha um cheiro de podridão à sua volta! prosseguiu Gundhar. É pernicioso e estraga nossa juventude mal saída da infância...

— Esse homem é tão repugnante para mim como para ti! respondeu o rei penosamente.

Seu coração batia de modo tão forte que mal podia respirar.

— Só que eu não sabia que ele divulga doutrinas falsas, envenenando com isso o sangue dos nossos! continuou. Ainda hoje convocarei um grupo de acompanhantes que levará esse adepto de Nyal até um porto do sul. Poderão aguardar lá, até que ele abandone nosso país num navio!

— Tuas palavras dão-me nova força. Ultimamente tenho andado abalado... Se Hagen quiser acompanhar essa criatura, eu não o deterei!

Na Atlântida, conversas longas e explicações supérfluas eram desconhecidas. Não havendo mais nada a dizer, o druida levantou-se, inclinando a cabeça diante do rei. Depois desceu os degraus do terraço e atravessou o pátio. Sua montaria, um búfalo manso, estava ao lado de alguns altos arbustos, comendo prazerosamente as flores que havia abocanhado dos galhos. O rei, que seguia seu visitante, sorriu ao ver essa cena. Também seus próprios búfalos tinham o mesmo mau costume. Onde quer que encontrassem flores desses arbustos, elas desapareciam nos seus estômagos.

Witu voltou lentamente para o palácio, quando Gundhar saiu cavalgando. Depois de falar com Uwid, ele comunicaria sua decisão a Syphax. Encontrou sua mulher no salão de trabalho, sentada diante da roca, e com os olhos cheios de lágrimas. Aos pés dela estava acocorada Brunhild.

Antes que o rei pudesse dizer qualquer palavra, Brunhild levantou-se e postou-se diante dele com expressão decidida no rosto.

— Syphax se tornará meu companheiro, pai.

O rei julgou não ter ouvido direito e por isso perguntou incredulamente:

— Teu companheiro? Nunca! Ouviste? Isso nunca acontecerá.

— Ele já o é. Juntamo-nos, não no Bosque da Deusa, pois ele não crê em nossa religião. Ele acha que seres humanos somente podem aproximar-se de espíritos superiores através de mediadores, isto é, de sacerdotes... Pai, por que não temos sacerdotes e nem templos? perguntou ela por fim, enquanto se encostava, chorando, em sua mãe.

O rei olhou melancolicamente para sua filha.

— Nós, seres humanos, muitas vezes somos colocados à frente de uma situação que nos obriga a tomar uma decisão! disse o rei serenamente. Ainda hoje informarei o príncipe que sua presença é doravante indesejada em nosso país... Ele estraga nossa juventude. Isso eu não sabia, pois se soubesse já há muito ele não estaria mais aqui!

Brunhild levantou-se de um salto.

— Não, não... ele tem de ficar! exclamou desesperadamente. No meu ventre cresce uma criança... a semente desse fruto humano é dele!

Witu, alquebrado, deixou-se cair num banco. Esse era o segundo golpe que atingia seu coração.

— Terás então de educar sozinha o teu filho! disse ele com voz fraca.

Brunhild deu um grito, correndo para fora do salão. Tinha de ir até Syphax... tomara que o encontrasse...

Pois bem, Syphax encontrava-se em sua morada. Brunhild não precisou falar muito. Ele sabia como era malquisto no castelo real. Por isso, não se surpreendeu com a sua expulsão. Porém, não tinha a intenção de deixar o país. Fora conduzido até ali, e pretendia ficar. A moça, no fundo, não lhe interessava, contudo precisava dela para seus planos. Temendo encontrar seu pai, Brunhild escondeu-se atrás de moitas fechadas.

Não demorou muito e o rei se encontrava no caminho orlado de árvores que conduzia à Casa da Rocha. Syphax caminhou alguns passos ao seu encontro, inclinando a cabeça cortesmente.

— Conheces o motivo de minha vinda. Minha filha esteve agora mesmo contigo. Os teus acompanhantes de viagem, que escolhi, virão te buscar amanhã, tão logo o dia raiar!

Syphax, que parecia pequeno ao lado de Witu, baixou a cabeça como que conformado com a sua sorte. Levantando novamente o olhar, até lágrimas surgiram em seus olhos.

— Brunhild, tua maravilhosa filha, não suportaria viva a longa viagem marítima... Sim, desde o início eu sabia que minha estada aqui não seria de longa duração… nosso encontro era destino… só por isso ouso pronunciar um pedido dirigido ao teu coração de pai.

Witu reprimiu sua aversão àquele homem, olhando-o interrogativamente.

— Prolonga meu prazo de estada até meu filho nascer! disse Syphax. Nesse meio tempo eu poderia mandar notícias a meu pai, através de um navegante, dizendo que estou vivo e que necessito de um navio para o retorno. Possuímos navios maiores e mais seguros no mar do que outros países. Brunhild e a criança estariam então em segurança.

Witu hesitou em responder. Que decisão deveria tomar? Syphax estava disposto a deixar o país. Porém, com mulher e filho…

— Apesar de seu estado, Brunhild está disposta a embarcar comigo, caso eu tenha de partir logo… Mas então ficaríamos separados novamente, já que uma longa viagem marítima é difícil de ser suportada até por homens…

O rei, conhecendo demasiadamente bem sua impetuosa filha, sabia que Syphax tinha razão. Ela não o deixaria viajar sozinho…

— Pois bem, fica então aqui por enquanto! disse com o coração pesaroso. Amanhã partirá um mensageiro para o sul e com ele poderás mandar notícias para o druida do primeiro distrito sulino. Este conhece todos os navegantes e suas rotas, e retransmitirá a mensagem a teu pai.

WITU voltou deprimido para o castelo, com a impressão de que todos os bons espíritos haviam-no abandonado.

— Deveria eu ter decidido diferentemente? Deveria ter abandonado nossa filha?… Uma viagem marítima resultaria em morte certa para ela!… exclamou desesperado, ao contar à sua mulher a conversa que tivera com Syphax.

— Não poderias ter decidido de outra forma! disse Uwid. A ideia de que esse abominável sujeito continue a morar em nossas proximidades, de fato, revolta-me, mas eu teria decidido do mesmo modo que tu.

— Voarei até Gurnemanz, talvez exista ainda uma outra saída que desconhecemos.

Witu deixou o palácio. Não precisava trocar de roupa, visto que guardava sua vestimenta de voo numa pequena casa que havia mandado construir perto da gruta de seu dragão.

O caminho até a gruta do dragão passava pela pedra dos gigantes. Lembrou-se de que já há muito tempo nada mais ouvia deles. Não escutava nem o surdo troar, e sequer sentia o forte sopro de ar frio com o qual se anunciavam... O caminho até a pedra dos gigantes passava por um bosque de bétulas e pela margem de um lago. Quando, absorto em pensamentos, andava pelo caminho do lago, vieram até a borda os grandes cisnes cinza-claros que ali viviam em bandos, como que para cumprimentá-lo. Seus gritos agudos e melodiosos ecoavam mais como uma canção, que o atingia sempre de modo estranho. Naquele dia não ficou muito tempo com eles. Passou a mão carinhosamente sobre a cabeça de alguns que o circundavam no caminho, prosseguindo rapidamente.

A pedra dos gigantes formava um cubo de dois metros. Na superfície lisa, os gigantes haviam fixado uma placa de metal, tendo colocado em cima uma clava do mesmo material. Quem necessitasse deles, precisava apenas bater com a clava na placa metálica. Isso, aliás, tinha de ser feito num determinado ritmo. Não se deve, porém, supor que os gigantes viessem ao chamado de qualquer ser humano. Naquele tempo talvez houvesse, na Atlântida, apenas quarenta pessoas cujo chamado de clava eles levavam em consideração, e cujos desejos e pedidos executavam de bom grado. Além disso, esse grupo era constituído apenas de homens.

Segundo a tradição, houve somente uma mulher no país a quem os gigantes serviram. Essa mulher tinha sido Kundri, que outrora revelara aos seres humanos o nome do sagrado Espírito, Parsival. A seu pedido, os gigantes levantaram atrás do palácio o grande e ciclópico paredão semelhante a uma fortaleza, que impedia o avanço do mar. Sem esse paredão, várias edificações ainda pertencentes ao castelo já há muito teriam sido levadas pelas ondas do mar...

Witu aproximou-se da pedra dos gigantes escondida por um alto conjunto de arbustos, no meio de um pequeno bosque. Afastou os galhos, e uma onda de dor perpassou todo o seu ser. A pedra estava rachada em duas partes, e a clava estava no meio da fenda. Com os olhos embaçados de lágrimas, ele passou a mão sobre a placa de metal também partida… "Os gigantes nos abandonaram…" Desde que podia lembrar-se, eles faziam parte de sua vida…

Exausto e cansado por esse novo golpe, enveredou pelo caminho que conduzia à gruta de seu dragão. Desistira de voar até Gurnemanz…

Tak-Tak, o dragão, não estava em sua morada quando Witu chegou. Mas não demoraria muito até que o animal o farejasse… E assim aconteceu. Mal ele se acomodou numa pedra próxima à gruta, e já se escutava o ruído característico provocado pela locomoção do dragão no solo. O animal ergueu a cabeça, farejando, ao ver seu amo cabisbaixo, sentado na pedra sem se mexer. O dragão estava visivelmente inquieto. Seu amo, em outras vezes, já de longe anunciava sua chegada pelo som da corneta.

O dragão balançava a cabeça sobre a de Witu. Depois deu-lhe um empurrão nas costas, como querendo dizer: "Vamos voar. O voo te fará bem!"

Witu estremeceu de repente. Ouvira um troar característico… Será que os gigantes não haviam ido embora?… Nesse momento atingiu-o um sopro de vento que quase o derrubou. Com alegria, agarrou-se ao pescoço do dragão. Depois exclamou:

— Que sujeito cego, bobo e distraído sou eu! Vosso trabalho e o nosso terminam aqui!… Em breve, todos nós deveremos deixar esta terra!

O dragão batia as asas, soltando sons sibilantes. A alegria de seu amo era também a sua. Witu levantou-se. Sentiu não ter trazido bastões de mel.

— Na próxima vez não esquecerei! disse ele, abraçando de novo o pescoço do dragão, saindo em seguida.

— A VIDA continua. Logo chegará o dia em que Gurnemanz anunciará o fim da Atlântida! disse Witu a Uwid, alguns meses mais tarde.

Uwid esperava ansiosamente por esse momento, pois um grupo de jovens, entre eles Brunhild, fizera amizade com Tus. Guiavam-se pelos seus conselhos, mandando fazer vestidos sem mangas e muito decotados.

Quando Tus disse: "Sois tão belas como as sacerdotisas de minha terra! Falta apenas o templo onde poderíeis servir a um 'deus', com a vossa beleza!…" então as moças sentiram-se orgulhosas, desejando ansiosamente tão só servir a um deus, embora nenhuma delas pudesse imaginar algo a respeito disso.

Tus exerce a mesma malévola influência sobre as moças que Syphax sobre os rapazes. Os pais desses jovens estavam sem saber o que fazer diante desta situação. Temiam por seus descendentes. Pois o povo da Atlântida sabia desde há muito que os seres humanos, principalmente moças e mulheres, estavam rodeados por espíritos que só esperavam uma oportunidade para encarnarem-se na Terra. As moças que se juntaram a Tus estavam todas na idade de se casarem. E era visível que essa mulher ardilosa somente podia estar rodeada por espíritos maus, iguais a ela, que só aguardavam por um nascimento terreno…

Uwid, a rainha, tinha as mesmas preocupações que todas as demais mães. Pensando na criança que Brunhild esperava, foi tomada por uma espécie de pânico. Será que nasceria com uma mácula, como a criança de Teschute?…

Agora, com mais frequência, diversas mães vinham para junto de Uwid, queixando-se da transformação que se verificava em seus filhos.

— Sabemos, sim, que várias de nossas moças, principalmente nos distritos sulinos, casaram-se com estrangeiros e deram à luz crianças normais.

— Temo mais os espíritos que através de uma mulher má como Tus venham ao nosso país, agarrando-se à nossa juventude até agora incorrupta! disse uma das mulheres, cuja filha estava prestes a se casar.

— Também não devemos esquecer que seres humanos, cujos destinos já estavam ligados em vidas terrenas anteriores, novamente terão de se encontrar! Só assim posso explicar o encontro de minha filha Brunhild com Syphax.

— Tens razão no que se refere à tua filha! respondeu outra das mulheres. Mas o que há com Tus? Essa mulher veio ao nosso país e não se ligou a nenhum homem! Quase se poderia supor que ela teria sido conduzida para cá apenas para estragar nossa juventude.

— Depende também dos jovens! deu a ponderar a rainha. Meu filho Seyfrid e Hagen, o filho de Gundhar, cresceram juntos. Seyfrid detesta Syphax, ao passo que Hagen o considera um herói, deixando-se, indubitavelmente, influenciar por ele.

— Não podes expulsar Tus do nosso distrito? perguntou uma mulher seriamente.

— Decerto que eu poderia fazê-lo. Mas isso seria imprudente de minha parte. Pois ela já viveu em outros distritos, exercendo por toda a parte sua influência nefasta. Aqui, junto de nós, com certeza, será mais cautelosa com suas manifestações do que em outro lugar, pois bem sabe que do contrário seria obrigada a deixar nosso país a bordo de um navio. Ela não seria a primeira a ser atingida por tal decisão.

A rainha tinha razão em pensar assim. Tus era cautelosa, principalmente com seus pronunciamentos. Aqui era tratada mais amavelmente do que em outros distritos onde já vivera. Além disso, estava perto de Syphax. Ainda não conseguira encontrar-se com ele a sós. Já o havia visto várias vezes, mas sempre em companhia de muitos moços.

Syphax apenas raramente ficava na Casa da Rocha durante o dia. A presença constante de Brunhild tornava-se incômoda para ele. Nunca fez grande questão de mulheres, e desde o seu salvamento milagroso, menos ainda.

Durante os primeiros tempos na Atlântida estivera como que atordoado. Parecia ser uma pessoa sem passado, pois não se lembrava de nada. Sabia apenas seu nome. Sua memória somente voltou quando, mais tarde, viu novamente as grandes aves marinhas que pulavam na praia rochosa, não longe do castelo, jogando pedrinhas para o ar.

Naquela ocasião, sentira-se perto da morte ao recuperar por instantes a consciência e ver tantas aves circundando-o. Tinham um aspecto inquietante, com seus bicos compridos e pontiagudos. Ao fechar novamente os olhos, sentiu que elas jogavam pequenas pedrinhas sobre ele… "Elas me enterram… pois já estou morto…" foi seu último pensamento antes de ser salvo.

    Essa espécie era chamada de "aves limpadoras da praia". Onde elas se encontravam, pouco restava para os abutres. Pois sobre cada peixe morto que chegava à praia, elas amontoavam areia, pedrinhas, folhas ou pedacinhos de madeira… Quando Syphax, mais tarde, soube da serpente marinha que se manteve próxima dele, teve calafrios… pois ainda criança fora informado de que esses animais puxavam seres humanos mortos para o fundo do mar. O que lá faziam com eles, ninguém sabia. Esse poderia ter sido o seu destino…

    Certo dia, já dominando bem o idioma do país, respondeu finalmente às perguntas a respeito de sua origem e de seu misterioso aparecimento na Atlântida. Isso ocorreu na praia de uma laguna, circundada pelos mais belos recifes de corais que se podia imaginar. O caminho até lá tinha sido longo; ele e seus acompanhantes, cansados, acomodaram-se numa colina próxima. Eram dez os moços que o conduziram até a laguna, para que ele conhecesse também essa maravilha do país. Dessa vez Seyfrid encontrava-se entre eles. Viera junto apenas por causa de determinados corais que precisava para um colar, corais esses que somente podiam ser encontrados junto dessa laguna.

    — Eu ainda era uma criança pequena e já amava, acima de tudo, o mar e os navios! começou Syphax. Quando adulto, recebi o meu próprio navio. Era grande e estava em bom estado para a navegação; com ele, eu e minha tripulação fizemos longas viagens. Eram seis homens que tinham passado mais tempo de suas vidas na água do que em terra. Não havia nada tão interessante para mim do que ouvir suas histórias. Histórias que falavam de um povo do mar. Todos já haviam visto sereias, cavalos-marinhos, gigantes marinhos, etc. E naturalmente também haviam escutado o canto das sereias.

    "É melhor que jamais ouças esse canto!" diziam eles, quase advertindo. "Pois muitos marinheiros já perderam o juízo. Abandonaram suas mulheres e filhos, passando a maior parte de sua vida no mar, para ver e ouvir as sereias."

    Quanto mais os homens me advertiam das mulheres marinhas, tanto mais insistentemente eu desejava vê-las e ouvi-las. Escutei seu canto uma vez. Viajávamos já há muitos dias no mar. Os homens tinham acabado de arriar as velas, quando ouvi as vozes. O canto era jubiloso, e tão comovente que eu não pude reter as lágrimas. Envergonhei-me diante dos homens, pois sabia que também estavam escutando o canto e me observavam. Provavelmente tinham medo de que eu pulasse no mar. Naturalmente não pulei na água, porém encontrava-me em estado de euforia. Finalmente ouvira o canto delas... Meu ouvido devia ser melhor do que meus olhos, pois não pude vê-las...

Existem forças ocultas que dirigem nosso destino! acrescentou ele pensativamente. Esse ditado é de um parente da minha mãe. Quantas vezes ri disso, incredulamente. Hoje creio nisso!

— Nós mesmos formamos nosso destino! intercalou Seyfrid. É o que diz Gurnemanz. Ele é mais sábio do que todos nós!

Syphax não deu atenção a tal observação e continuou:

— Poucos dias mais tarde, nosso navio naufragou.

"Estamos no meio de um maremoto!" ouvi um dos homens gritar. Eu já havia presenciado terremotos... mais, eu não pude pensar, pois de repente levantou-se uma onda da altura de uma montanha, sepultando nosso navio. Senti uma batida na nuca e perdi os sentidos.

Syphax fez uma pausa, olhando para a laguna. Suas águas estavam em constante movimento. Observou os peixes de formas singulares, com suas cores luminosas, nadando de um lado para outro, enquanto que no meio deles movimentavam-se pequenas tartarugas verde-claras. De repente, Syphax virou-se para seus acompanhantes, que já esperavam impacientemente que continuasse a história. Seu rosto ficara pálido e seus olhos tinham algo que se podia classificar de medo ou pavor. Tinha visto serpentes que o perturbaram momentaneamente. Serpentes finas, compridas e brancas, com duas cabeças que se movimentavam na beira da laguna, desaparecendo entre as ilhas de corais...

Syphax aborreceu-se com a própria fraqueza. Será que se tornara um covarde, perturbando-se por causa de algumas pequenas serpentes?

— Continua contando! Teu salvamento deve ter sido maravilhoso!

— Tens razão, Hagen. Ele não apenas foi maravilhoso, como único! Escutai, pois, o final:

Quando recuperei os sentidos, vi de início maravilhosos reflexos de uma luz verde que pareciam envolver-me. Fechei contente os olhos, pois me senti indescritivelmente bem e abrigado. Demorou certamente algum tempo até que eu percebesse estar deitado sobre algo macio que exalava um perfume maravilhoso. Uma vontade invisível obrigou-me a abrir os olhos e olhar em redor. De início vi e senti uma pele macia e reluzente como pérolas, e seios cujas pontas estavam cobertas por pétalas verde-azuladas.

Inclinou-se, então, um rosto sobre mim, cuja pele também reluzia como as mais belas pérolas. Os olhos, emoldurados por folhinhas estreitas verde-claras, são difíceis de descrever. Pareciam consistir em reflexos de luz alternantes e, ao mesmo tempo, lembravam gotas de água iluminadas pelo sol. Os cabelos pareciam cordões e eram tão vermelhos como os mais rubros corais.

Não sei quanto tempo demorou até eu perceber que um grupo de sereias me circundava, enquanto minha cabeça estava apoiada sobre uma delas, que me abraçava. A beleza dessas mulheres marinhas não pode ser descrita, pois não existem palavras suficientes para tal.

A felicidade que me foi outorgada teve curta duração. Em lugar das sereias, eu estava, de repente, circundado por peixes, peixes enormes… E tinha a desagradável sensação de estar sendo como que empurrado por esses peixes, com suas grandes barbatanas. Restou-me um consolo. Não estava entregue de todo aos peixes, pois bem perto novamente ouvi o canto das sereias… Essa é a última coisa de que posso me lembrar. Dos peixes e do canto das sereias… Devo, então, ter perdido novamente os sentidos… pois não tenho ideia alguma do que aconteceu depois… Sei apenas que foram essas criaturas maravilhosas que me salvaram.

Syphax calou-se. Seus ouvintes, com exceção de Seyfrid, ficaram alvoroçados com o que ouviram. Poderia haver algo mais belo do que estar deitado sobre uma pele reluzente de pérolas de uma sereia e ser abraçado por ela?…

— Vós todos e também tu, Syphax, esqueceis o corpo de peixe dessas maravilhosas sereias. Elas são meio ser humano e meio animal!

Seu reino é a água! Nosso reino é a terra! Somos seres humanos e, por isso, somente podemos nos ligar a criaturas humanas! disse Seyfrid.

— Nós também o sabemos! respondeu Hagen. Contudo foi uma vivência única que Syphax teve. Eu desejaria que o mesmo tivesse acontecido comigo.

POUCOS dias depois reinava grande alegria no castelo, uma alegria que se propagou em todo o distrito no mais curto lapso de tempo. Klingsor, o mais popular trovador da Atlântida, havia chegado. Não havia nenhum outro, em todo o país, cujas canções atuassem de forma tão comovente como as dele. Um cavalo cinzento de pelo muito longo e uma espécie de lira que ele carregava no pescoço, num cordão comprido, constituíam seus únicos bens.

Em cada distrito havia diversos locais denominados "praças de reuniões". Eram geralmente prados constantemente ceifados por carneiros selvagens. No centro desses prados encontravam-se placas de pedra algo elevadas, com algumas cadeiras também de pedra. O povo reunia-se nessas praças quando chegavam cantores ou contadores de histórias, ou quando os druidas tinham de anunciar algo; eram apresentadas ali também invenções que podiam servir a todos. Há anos, por exemplo, um homem conseguira fabricar um tecido que não somente era forte, mas também resistente a intempéries. Esse tecido, constituído de fibras da árvore de zimbro e vários outros componentes, foi logo aprovado por todos. No decorrer do tempo, todas as varandas e pequenas casas foram cobertas com esse tecido. Também foi usado para a fabricação de esteiras para camas e berços de crianças, bem como para um certo tipo de carpete. Os navegadores fizeram até velas para seus barcos com esse tecido.

Agora Klingsor estava ali e lhes apresentaria suas novas composições. As praças de reuniões estavam, como sempre, limpas e prontas. Os poucos galhos secos que frequentemente ali se encontravam, foram recolhidos e queimados.

Klingsor transmitiu fielmente para o rei a mensagem que Gurnemanz lhe dera. Nela, Gurnemanz deu a conhecer a data de sua vinda, para que Witu pudesse avisar a tempo todos os druidas.

— Eternas e puras são as leis que regem tudo o que é criado... tudo se movimenta e se transforma! O ponto de transição do destino aproxima-se! disse o rei pensativamente.

— Através de minhas canções lembrarei o povo, desta vez, da velha profecia! respondeu Klingsor, olhando para o rei com um sorriso alegre e esperançoso.

No mesmo dia ainda, ao anoitecer, ele apresentou, no grande salão do castelo, à família real e aos demais convidados, algumas de suas canções. Syphax não se deixou ver no salão. Ficou fora. Não obstante, não perdeu uma única palavra sequer.

— Teu tão admirado trovador está apresentando uma canção estranha! disse ele a Brunhild, que estava a seu lado.

— É a velha profecia. Ele fez dela uma canção. Eu a escuto pela primeira vez... ela me entristece.

> Levantai vosso olhar para a noite radiante! No meio dessa maravilha, giramos também nós sobre nossa Estrela Terrestre! Olhai para a Estrela Lunar! Ela está agora mais perto de nós. Sua luz e sua força envolvem nosso solo pátrio! Vivemos em paz e felicidade, possuindo tudo que alegra nossos corações!
>
> Minhas canções, desta vez, são traspassadas de sentimentos de dor e despedida... É a velha profecia que ressurge em mim... Pensai também nela, pois a hora do seu cumprimento está próxima!
>
> Quando a Estrela Lunar se apagar, nosso mundo também se apagará! Mesmo nessa fase ainda é poderosa... tão poderosa que afundará nosso solo pátrio nas águas do mar... Não acuseis os seres celestes, quando nossa vida for empurrada para uma outra direção! Eles são, desde tempos eternos, nossos guias e protetores. Assim ordenou-lhes outrora o sublime e sagrado Espírito, Parsival!
>
> Mas quando a Estrela Lunar se apagar, e talvez até se desintegrar, então forças da natureza estarão trabalhando a serviço dos grandes de Asgard! Cada transformação na Terra ocorre de acordo com um plano elaborado anteriormente

por esses grandes. Nisso ninguém pode alterar qualquer coisa... O plano é perfeito e imutável...

Em breve a Estrela Lunar se apagará... Emigrareis e vereis uma outra região, uma outra floresta e outras águas... Escutai a voz de vossos espíritos e nunca vos queixeis, mas sim agradecei cada momento de vossas vidas... A vida é a maior dádiva que recebemos... Ninguém sofrerá nada quando chegar a hora da despedida...

Brunhild escutara com lágrimas nos olhos. Olhou para Syphax. As canções de Klingsor, de certa forma, também o tinham tocado. Contudo, ela procurou em vão um vislumbre de compreensão em seus olhos frios.

— Vossos cantores parecem não conhecer nenhuma alegria de viver! disse Syphax com desdém, enquanto andava lentamente por um caminho que conduzia para o mar. Os cânticos fúnebres da minha pátria soam mais alegres!

— Trata-se da velha profecia... não sei por que ele hoje nos lembra dela... nunca cantou de modo tão emocionante.

Brunhild sentia-se de repente exausta e atordoada. Virou-se e voltou lentamente para o castelo. Até onde podia lembrar-se, Klingsor tinha sido sempre seu ídolo. Ela o amara... Agora, porém, Syphax estava ali... uma sombra escura sobre o caminho de sua vida...

Syphax encostou-se à muralha da praia, observando as ondas e a espuma branca que cintilava à luz do luar. Não acreditava em profecias. No entanto, não podia evitar o sentimento de uma certa inquietação. De repente, surgiu-lhe uma ideia. Haveria coisa melhor do que uma profecia sombria de um cataclismo no país, para afugentar todos os imigrantes estrangeiros?

Brunhild juntara-se aos outros, sentando-se, com os olhos cheios de lágrimas, ao lado de Modred. Em nenhum momento sequer conseguia excluir Syphax de seus pensamentos, embora sentisse com nitidez que espiritualmente estavam afastados um do outro. "Por que tive de salvá-lo? Por que o amo?" Essas perguntas, no fundo, eram desnecessárias, pois sabia muito bem que apenas uma forte ligação de uma vida terrena anterior os unira novamente.

Klingsor prosseguiu no dia seguinte a sua viagem, apresentando suas canções. Muitas pessoas ficaram inquietas ao serem lembradas através dele da velha profecia. Por toda parte faziam-lhe mil perguntas, que somente Gurnemanz poderia responder.

— Aguardai com calma. Quando a hora chegar, todos vós sereis informados! Minhas canções apenas devem lembrar-vos de que virá o dia em que teremos de abandonar nossa pátria atual.

DESDE a vinda de Klingsor, Uwid somente pensava no êxodo. Ela recebia muitas visitas. O tema das conversas sempre girava em torno das canções estranhas que, dessa vez, Klingsor havia entoado. Certo dia veio também Tus. Ela ofereceu à rainha um vestido branco feito de um tecido fino, com um cinto de pérolas. Também o decote no pescoço estava enfeitado com pérolas. Tus confeccionara o vestido conforme as medidas de Brunhild, que eram as mesmas de sua mãe.

Uwid aceitou o vestido, agradecendo e elogiando as costuras com fino acabamento e também o bonito cinto.

— Este medalhão também pertence ao vestido! disse Tus, orgulhosa de o vestido ter agradado a rainha, a quem, por motivo desconhecido, temia.

O medalhão, pendurado num colar de pérolas, representava uma cabeça de pássaro feita de corais multicoloridos. Quando o assunto estava encerrado, Tus ousou formular uma pergunta. Queria saber por que o belo trovador Klingsor entoava canções tão sombrias.

— As canções devem lembrar-nos da profecia. Provavelmente está próxima a hora em que se realizará! respondeu a rainha concluindo.

Tus olhou-a incrédula, porém não teve coragem de perguntar mais. Uwid levantou-se, deixando o salão. Logo depois voltou com um pote de prata, entregando-o a Tus.

— Aceita isto como retribuição pelo bonito vestido. Este recipiente contém a mais fina geleia de ervas.

Tus recebeu o presente e deixou o salão. Caminhava mui lentamente através dos pátios, sempre na esperança de encontrar Syphax.

Gostaria de saber qual a opinião dele a respeito da esquisita profecia, mas não o via em parte alguma. Será que deveria seguir até a Casa da Rocha?... Dessa ideia, porém, logo desistiu, ao ver dois lobos debaixo de uma árvore, olhando-a fixamente. "Até esses repugnantes animais desconfiam de mim neste país." Logo se lembrou do lobo que a seguira até a casa de Teschute, pouco depois de sua chegada... Pois bem, fez com que ele imediatamente entendesse, aliás com um pau na mão, que recusava qualquer aproximação...

Uwid olhou para a cabeça de pássaro. Estava trabalhada artisticamente. Um medalhão, contudo, deveria ter outro aspecto... Enquanto assim meditava, viu em espírito a velha rocha em desintegração, onde, ainda criança, pela primeira vez avistara a cruz num quadrado. Essa cruz como medalhão? Mas poderia um ser humano comum portar esse signo tão especial?...

— Podemos portar a cruz em honra do nosso senhor e sagrado Espírito, Parsival... Portar essa cruz pode ser considerado um testemunho de que servimos a ele! respondeu Witu, quando Uwid lhe falou sobre isso.

Uwid, Modred e até Seyfrid ficaram tão felizes com essa ideia, que logo decidiram procurar Oern, o ourives, para falar com ele sobre a confecção dessas cruzes. As mulheres iam montadas em cavalos pequenos e Seyfrid ia em um búfalo, pois a casa de Oern distava do castelo pelo menos duas horas. Brunhild não quis ir junto. Ela já tinha um amuleto. Era a cabeça de um búfalo. Além disso, temia o escárnio de Syphax caso ele soubesse das cruzes.

Oern logo compreendeu e aprovou o desejo da rainha. Também Enif, sua mulher, ficou toda entusiasmada com isso.

— Eu acho nossos amuletos muito bonitos! disse Gudrun, filha de ambos, tirando um cordel do pescoço, onde pendia uma pequena tartaruga verde.

Segurou então o amuleto de tal modo que todos podiam vê-lo.

— É uma pequena obra de arte! disse Uwid. Entretanto, somente gosto de ver animais quando vivos.

Passaram-se cerca de duas semanas até que Oern viesse ao castelo. Circundado pela família real, tirou cuidadosamente de um saquinho de pano a primeira cruz que fizera. A pequena obra de arte consistia em um quadrado com uma cruz no meio. O quadrado estava cravejado de pérolas. A cruz também estava trabalhada da mesma maneira. Só que em vez de pérolas, ele havia utilizado pedras preciosas vermelhas. Calados, quase que em devoção, todos contemplavam a joia. Oern estava ao lado, preocupado. Talvez não tivesse executado a ordem da rainha como ela queria…

Aliviado, ouviu as exclamações de entusiasmo e as palavras de elogio dadas por todos ao seu trabalho maravilhoso.

— Nunca vi uma joia tão bela! exclamou Uwid. Quero usá-la sempre, de agora em diante!

Oern, um pouco acanhado, ofereceu-lhe um cordão trançado de fibras azuis.

— Enif confeccionou-o!…

— Naturalmente usarei a cruz nesse cordão! disse Uwid, tirando um colar de âmbar que tinha no pescoço.

Oern prendeu o amuleto no cordão, e logo a seguir Seyfrid colocou-o no pescoço da mãe.

Modred também pediu uma cruz.

— Nós, homens, poderíamos usá-la debaixo de nossa roupa… Que achas, pai? perguntou Seyfrid.

Witu acenou com a cabeça afirmativamente, dizendo:

— Eu gostaria de usar a cruz, mas sem pedras preciosas e pérolas.

— Confeccionarei várias! respondeu Oern prontamente. Com e sem pedras preciosas.

— Requer muito trabalho. Será que não prejudicaria tuas outras ocupações? perguntou Uwid um pouco preocupada.

— Há dias tenho um ajudante em casa. É Dória. Ele desapareceu quando Teschute morreu. Encontrei-o magro e abatido, próximo da minha mina de prata. É muito inteligente e sabe trabalhar com pedras preciosas.

— Por que ele não ficou afastado? perguntou Seyfrid indignado.

— Ele não pode esquecer Teschute e quer, pelo menos, permanecer nas proximidades onde outrora foi tão feliz com ela! explicou Oern.

— Que fique sossegadamente trabalhando contigo. Não tem culpa. A ação má foi feita por Teschute sozinha! disse Witu, olhando surpreso para seu filho.

— Quem quiser portar a cruz deve sempre julgar com justiça! acrescentou Modred.

Seyfrid baixou envergonhado a cabeça, deixando o salão.

Witu levantou-se para buscar a retribuição a que Oern tinha direito. Logo depois voltou com um saquinho no qual se encontravam pérolas e pedras preciosas.

— As pedras são muito bonitas. Eu as adquiri de um mercador que exigiu prata como recompensa. Pois bem, prata, realmente, não falta em nosso país! acrescentou Witu sorrindo.

Também Uwid, que tinha saído, voltou com um presente, o qual consistia em uma flauta de seis tubos, muito bem trabalhada. Ela sabia que Oern, além de seu trabalho, gostava de tocar flauta.

Grato e orgulhoso, Oern deixou depois de algum tempo o castelo. Finalmente podia confeccionar obras de arte que realmente o alegravam. Fora escolhido para reproduzir o signo do Altíssimo. Em ouro, prata, pérolas e pedras preciosas! Quem mais podia vangloriar-se disso na Atlântida! Ele pensou nos antepassados e nas cruzes das antiquíssimas pedras de altar e saliências de rochas... Também eles deveriam ter venerado esse signo...

—EM BREVE Brunhild vai dar à luz! disse Modred certo dia. Vou até a casa de parto, ver se está tudo em ordem.

A casa de parto era uma pequena construção de pedra, coberta por um tecido impenetrável de fibras de árvores. Situava-se no meio das edificações ainda pertencentes ao castelo e estava circundada de árvores frutíferas. Não havia nada para pôr em ordem, pois continha apenas poucos móveis: uma cama de vime e uma armação chamada "cadeira do parto". O piso era de terra batida.

Brunhild, de repente, encontrava-se ao lado of Modred, olhando com um leve calafrio para a cadeira. Tornara-se cada vez mais introvertida e calada, chorando frequentemente.

— Modred, sinto-me como uma pessoa que perdeu toda a dignidade e autodomínio. É como um matagal que me envolve e cuja saída não encontro!

— Brunhild, pensa que no fundo do sofrimento também podem florescer esperança e amor! respondeu Modred consolando.

— Tenho medo. Às vezes Syphax emana em volta de si algo ameaçador. Como receberá meu filho? Modred, eu te imploro, não o deixe chegar perto desta casa quando eu estiver aqui dentro!

— Satisfarei teu desejo. Pois não tenho medo desse homem. Ele vive num matagal, não tu!

Brunhild não chamava Modred de tia, pois o conceito tia e tio, bem como todos os graus de parentesco, eram desconhecidos na Atlântida.

Dois dias depois nasceu a criança. Era uma menina, e Syphax parecia alegrar-se com isso.

Quando Uwid perguntou pelo nome da criança, verificou-se que Brunhild não o conhecia. Isto era algo extraordinário, pois tão logo uma mulher se tornasse consciente de que em seu ventre se desenvolvia uma menina ou um menino, também sabia o nome apropriado para o futuro habitante da Terra. Assim sempre acontecia. Brunhild, porém, parecia nem ter pensado na criança. No fundo isso também não tinha importância, tanto mais que Syphax pensara nisso. Pois quando Brunhild voltou para o castelo com a recém-nascida, Syphax veio ao seu encontro, olhando brevemente para a criança.

— Ela se chamará Liasse! disse.

Naturalmente não revelou que Liasse era, em sua pátria, um nome conhecido de sereia.

— Esse nome soa tão estranho! ousou objetar Brunhild.

— A criança é minha, não te esqueças disto! disse Syphax.

— Infelizmente a criança é tua! disse com desdém Witu, que também estava presente.

Após o parto, Brunhild ficara tão fraca e exausta, que a maior parte do tempo passava deitada. No entanto Uwid ficou contente por sua filha poder, pelo menos, alimentar a criança.

Numa viagem nem se podia pensar. Além disso, ainda não chegara nenhuma notícia e nenhum navio do pai de Syphax.

Seyfrid tomara uma decisão. Esperaria por Gurnemanz e depois o acompanharia. Para o norte, sul ou qualquer parte. Iria aprender e haurir sabedoria. Este sempre havia sido seu plano. Só que tinha a intenção de esperar ainda alguns anos. Mas a vida no castelo tornara-se para ele cada vez mais insuportável. Quase não lhe era possível esconder sua aversão por Syphax. Sabia nitidamente que esse homem jamais pensara seriamente em deixar a Atlântida.

Seus pais concordaram que ele se juntasse a Gurnemanz. Mas havia ainda Güiniver. Ela era um pouco mais jovem do que ele, e ainda uma criança. Contudo, amavam-se desde pequenos. Estava incluída no seu plano. Como sua mulher, poderia acompanhá-lo por toda a parte. Güiniver era irmã de Hagen, mas totalmente diferente de seu irmão.

Nesse meio tempo Seyfrid alcançara a idade de dezoito anos. Tinha-se tornado um moço vistoso e amável, conquistando rapidamente todos os corações. Decidiu procurar logo Güiniver, a fim de falar-lhe sobre a futura vida deles em comum.

Encontrou-a a meio caminho, junto com seu pai, Gundhar. Ao vê-lo, ela logo desceu de seu pequeno cavalo. Gundhar, porém, depois de breve cumprimento, continuou seu caminho.

Avistando Seyfrid, lágrimas de alegria corriam sobre a face de Güiniver. Não o via há algum tempo, tendo sentido muitas saudades dele. Com Seyfrid acontecia o mesmo. Também ele gostaria de chorar de alegria. Mas era um homem e aprendera a dominar-se.

— Em breve minha vida mudará! disse ele, enquanto ambos acomodavam-se no chão, encostando-se numa árvore velha, cheia de flores, no meio de um prado onde pastavam ovelhas. Tu te lembras de que nós dois tínhamos a intenção de passar um certo tempo junto de Gurnemanz, a fim de aprender com ele?

Güiniver meneou a cabeça afirmativamente. Não esquecera nada do que ele já lhe havia falado.

— Sinto-me, porém, impulsionado a sair daqui agora! continuou Seyfrid. Em breve Gurnemanz virá ao castelo… Tenho a intenção de logo seguir com ele. Primeiramente pensei que fosse por causa de Syphax. Sabes como essa criatura é repugnante para mim... Mas, de repente, tornei-me consciente de que Syphax não tem nenhuma influência sobre minha vida... Senti uma força superior ao meu lado... um espírito superior que havia assumido a minha condução.

— Deves seguir esse espírito. Teremos de nos separar... ainda não atingi a idade para poder ir contigo como tua mulher.

As palavras de Güiniver caíram como um peso sobre ele. Mas ela tinha razão... No entanto, não podia imaginar uma separação. Seyfrid olhou para a mocinha. Seu rosto encantador estava sombreado de tristeza. Ele não adivinhava quão dolorosamente batia o coração de Güiniver. Ela levantou-se, alisando seu vestido de linho azul-claro. Também suas sandálias eram de cor azul-clara. Parecia gostar dessa tonalidade, pois também seus cabelos, de um loiro-claro, ela adornara com uma grinalda de flores azuis. Sua pele, de uma pureza imaculada, ainda estava molhada de lágrimas. Pegou a ponta de uma de suas longas tranças, enxugando assim seu rosto.

Também Seyfrid se levantara. Agora estavam olhando um para o outro, frente a frente. Tomou as mãos dela, e nesse instante um turbilhão de alegria fez estremecer seu espírito. Também nos olhos dela reluzia alegria, pois sentia exatamente o que nele se passava.

— Vem, entremos no Bosque da Deusa! Já agora vamos ligar-nos para a vida. E unirmo-nos em espírito. Um dia, quando chegar o tempo, viveremos também na Terra juntos, como homem e mulher.

De mãos dadas andaram pelos caminhos guarnecidos com bonitas e coloridas lajes de pedra, através de prados e campos, até alcançarem o Bosque da Deusa.

Antes de entrarem na antiquíssima floresta que formava o Bosque da Deusa, eles tiraram as sandálias, prosseguindo descalços no espesso tapete de musgo. Várias vezes tiveram de afastar os ramos das trepadeiras floridas e aromáticas que pendiam das árvores como cortinas. Entraram com profundo respeito na grande praça livre, que surgira diante deles, circundada por gigantescas árvores velhas.

Tremendo de temor e excitação, ficaram parados, olhando para a nascente que brotava no meio da praça, lançando seu jato d'água de uma depressão da terra. O quadro era encantador, pois por toda parte onde os raios do sol penetravam através da folhagem, as gotas brilhavam em todas as cores. A água dessa fonte caía num riacho profundo que se formara no decorrer do tempo. Em muitos lugares, grandes plantas aquáticas inclinavam-se sobre a água corrente, assim tinha-se a impressão de que o riacho corria sob uma cobertura verde.

Além do sussurrar das folhas que se moviam levemente ao vento e do borbulhar da água, nada se escutava. O silêncio incomum tinha em si algo de expectante. Pela primeira vez os dois jovens encontravam-se nessa floresta única. Pois apenas podia ser procurada por adultos que se amavam e desejavam unir-se para a vida, no Bosque da Deusa.

Güiniver e Seyfrid ainda estavam parados no mesmo lugar, segurando-se firmemente pelas mãos e com os corações batendo forte.

Será que não tinham sido presunçosos demais? Ainda não haviam alcançado a idade prescrita... Não obstante, tinham ousado ir até ali a fim de se ligarem para a vida... quem sabe o que a deusa pensaria sobre a ligação deles...

Finalmente ousaram caminhar mais alguns passos, ficando parados diante do chafariz. Para muitos a deusa do matrimônio aparecera ali... A deusa Nike, com o vestido de cisne, branco como neve...

Seyfrid parecia recordar-se de algo. Avançou um passo, ergueu ambos os braços em direção ao chafariz e disse com a voz entrecortada:

— Sou Seyfrid, do povo dos Nebelungen... aceita-nos...

Envergonhado, deixou cair os braços, já que não sabia como prosseguir... De repente assustou-se. Sentiu-se erguido, enquanto simultaneamente uma chama azul surgiu diante dele... Uma chama cuja luz era tão forte, que teve de fechar os olhos... Logo tudo passou. Olhou em redor, notando que nada se alterara... também a chama havia desaparecido. Não obstante, algo mudara. Aliás, dentro dele próprio. Sentia-se forte e esperançoso, e qualquer hesitação tinha desaparecido. Foi como se a chama lhe tivesse outorgado uma força, com a qual antes não tivera ligação.

A moça ao seu lado também tivera, nesse ínterim, uma vivência. Com um brilho sobrenatural nos olhos, ela contemplava a água cintilante. A deusa com o vestido de cisne aparecera sobre a fonte... com olhos tão multicores como as gotas d'água na luz solar, e com um rosto tão branco como o seu vestido. Ela acenou, sorriu e jogou para Güiniver uma grinalda de flores de brilho prateado. Subitamente a moça lembrou-se de que não havia dito o seu nome à deusa...

— Sou Güiniver! disse ela baixinho e um pouco tardiamente.

Tinha esquecido totalmente por que se encontrava ali. Segurou firmemente a grinalda nas suas mãos. Dali em diante, sempre enfeitaria os cabelos com ela.

Seyfrid fez um movimento, voltando-se para a moça. Güiniver assustou-se, como se tivesse recebido um golpe. A seguir olhou para as mãos vazias.

— Tinha a grinalda nas mãos... A deusa presenteou-me com ela... era uma grinalda de prata! explicou Güiniver soluçando.

Seyfrid fixava os olhos pensativamente na água cintilante. Havia visto uma chama azul, enquanto tinha a sensação de pairar sobre a terra... a chama... não a via mais... estava firmemente na terra... no entanto havia vivenciado ambas as coisas, vivenciado tão profundamente que durante toda a sua vida se lembraria disso.

— Güiniver, escuta bem, viste a deusa e também recebeste o presente dela, a grinalda... melhor dito, teu espírito a viu... cada um, mesmo os adultos, veem-na apenas espiritualmente... pondera, ela não é do nosso mundo, do contrário estaria agora ao nosso lado, rindo de nós... Tua vivência continuará viva em tua memória... lembrando de que ela concordou com o nosso procedimento... senão, não teria se mostrado a ti...

Güiniver finalmente compreendeu o que se passara. Apesar de seus dezesseis anos, ainda era uma criança, pois em épocas anteriores os seres humanos desenvolviam-se muito mais lentamente do que hoje.

Seyfrid e Güiniver caminhavam timidamente de um lado para outro no bosque. Não podiam separar-se da encantadora atmosfera nele reinante. A ambos o mundo parecia sobremaneira belo e perfeito.

— Somos agora um casal humano. Homem e mulher! murmurou Seyfrid, enquanto, de mãos dadas, deixavam o Bosque da Deusa.

Fechavam cuidadosamente as cortinas de trepadeiras ao passar por elas. A seguir, sentaram-se e calçaram as sandálias.

Seyfrid acompanhou a moça até sua casa, que parecia uma fortaleza de pedra. Não longe de lá, encontraram Tusneld, a mãe de Güiniver. Seyfrid cumprimentou-a de longe. Tusneld colocou no chão uma cesta com maçãs, olhando surpresa para ambos.

— Estamos chegando do Bosque da Deusa, mãe... sou agora a mulher dele... a deusa aprovou nossa decisão! acrescentou Güiniver rapidamente.

Antes que Tusneld pudesse responder, Seyfrid contou detalhadamente por que já agora tinham-se unido no Bosque da Deusa. Por fim acrescentou:

— Sabemos o que virá. Talvez a fonte seque... então, ser humano algum verá a deusa...

Tusneld prosseguiu caminhando e acomodou-se com os dois num banco do pátio. Güiniver descreveu para sua mãe a aparição da deusa em seu vestido branco de cisne, tendo ela lhe jogado uma grinalda de prata.

— Minhas mãos, porém, estão vazias! acrescentou ela com lágrimas nos olhos.

Seyfrid levantou-se. Tinha ainda uma longa caminhada e queria cientificar, o mais breve possível, os seus pais do que acontecera. Tusneld meneou a cabeça afirmativamente. Ela e Güiniver explicariam a Gundhar aquilo que na realidade não era possível explicar, pois até onde Tusneld se lembrava, nunca pessoas tão jovens como sua filha e Seyfrid haviam ousado entrar no Bosque da Deusa...

Gundhar, que voltara para casa logo depois da partida de Seyfrid, recebeu a notícia calmamente.

— Alegro-me por Güiniver, que ainda lhe tenha sido permitido ver a deusa. Depois daquilo que hoje ouvi do rei, Nike não mais aparecerá a muitos.

Tusneld olhou-o interrogativamente.

— Os gigantes deixaram de trabalhar no país. Eles partiram ao meio a "pedra da chamada". O comportamento dos gigantes é para mim uma prova suficiente de que o fim de nosso país se aproxima.

"O que significava, em vista disso, o destino de dois jovens que firmaram uma união para a vida", pensava Tusneld. Ela amava os gigantes, os quais haviam construído sua casa também.

Seyfrid chegara nesse ínterim ao castelo e contara aos seus pais, cheio de alegria, que se casara com Güiniver no Bosque da Deusa.

— Ela ainda é uma criança! exclamou sua mãe assustada.

— Nós nos casamos espiritualmente. Um dia isso também se realizará terrenamente! respondeu Seyfrid com firmeza.

— Fizeste o certo! respondeu Modred. Pertenceis um ao outro.

Brunhild deu uma risada sarcástica, mas em seguida começou a chorar, ajoelhando-se ao lado de sua mãe. Seyfrid gostaria de ter descrito aos seus pais sua vivência com a chama azul, contudo a presença da irmã o impediu de fazê-lo.

— Os dois jovens certamente agiram de modo correto! disse Witu, dirigindo-se a Uwid. Vamos agora apenas pensar na próxima visita de Gurnemanz. Tudo o mais, em vista disso, tornou-se sem importância.

GURNEMANZ já se encontrava há semanas em peregrinação. Era um homem alto, de aspecto bonito, com olhos azuis que brilhavam intensamente. Era difícil determinar a sua idade. Podia ter oitenta ou também quarenta anos. A força juvenil que fluía de seu espírito dificultava determinar sua idade. Gurnemanz vestia roupas adequadas para as regiões mais frias. Usava botas grossas de couro, bem como calças e um jaquetão comprido, ambos feitos de couro fino e muito macio. A capa, feita com lã de ovelhas selvagens, só era usada nos dias mais frios. Debaixo da roupa, Gurnemanz usava uma joia artisticamente trabalhada. Era uma estrela de prata de cinco pontas, em cujo centro estava afixada uma placa redonda de ouro, na qual se via gravada uma cruz.

Gurnemanz viajava com apenas dois acompanhantes. Os outros, vinte e quatro ao todo, os quais havia preparado há meses para seu futuro trabalho, seguiriam-no depois. O que Gurnemanz mais gostava era de pernoitar na floresta enrolado em sua capa, debaixo de densas árvores. Por esse motivo escolhia os caminhos mais retirados. Era notável que nenhum dos que dormiam jamais era perturbado por qualquer animal, apesar do grande número que outrora existia. Verdade é que às vezes farejavam os homens. Mas isso era tudo. Gurnemanz e os seus, naturalmente, não tinham necessidade de pernoitar na floresta. Poderiam ter cavalgado por caminhos cômodos, de distrito em distrito. E teriam sido recebidos com alegria pelos druidas.

— Parece-me que agora existem menos animais! opinou Sens, o contador de histórias e acompanhante de Gurnemanz. Recordo-me de viagens anteriores. Quantos animais estavam em nossas proximidades, olhando-nos curiosamente quando de madrugada acordávamos! Desta vez vi apenas alguns cavalos selvagens que decerto fizeram companhia aos nossos durante a noite.

— Ainda existem pássaros aqui em grandes quantidades. Mas, com referência a outros animais, tens razão! respondeu Gurnemanz. Eu ficaria admirado se fosse diferente. Eles já estão saindo lentamente. Os faunos, seus protetores, guiam-nos para regiões seguras… em breve os seres humanos os seguirão.

Nesse meio tempo, tudo estava sendo preparado no castelo real para a recepção do sublime visitante, Gurnemanz. Na grande propriedade real havia edificações de pedra maiores e menores, cuidadosamente construídas. Aliás, de pedras de diversas cores. Gurnemanz possuía ali uma casa, única na Atlântida. Os gigantes haviam construído sua casa no topo de uma colina, em forma de pirâmide. Não com uma ponta em cima, mas com uma plataforma larga, da qual se descortinava um amplo panorama.

Faltavam ainda dois dias para o "réus*", quando Gurnemanz chegou ao castelo real, ocupando sua casa junto com seus dois acompanhantes. Uwid, a rainha, chorava de alívio ao vê-lo, e o rei tinha a impressão de que um pesado fardo se tivesse desprendido dele…

Uma vez que Gurnemanz desejasse a presença das mulheres e dos filhos adolescentes dos druidas quando da comunicação do vindouro acontecimento natural, Witu havia escolhido o grande salão de recepção como local de reunião e mandara prepará-lo. O Salão Real, no qual os druidas em geral se reuniam com Gurnemanz, não poderia acolher tantas pessoas.

---

* Lua cheia.

Justamente do Salão Real, o casal de reis gostava especialmente. No centro encontrava-se uma grande mesa redonda, onde mais de vinte e cinco pessoas podiam sentar-se comodamente. Em épocas especiais brilhava no meio da mesa o Heliand. Tratava-se de um cálice artisticamente confeccionado com ouro, prata e pedras preciosas. O cálice era antiquíssimo. O artista que o projetara viveu na época de Kundri. Kundri entregou-o pessoalmente, pouco antes de sua morte, ao rei que governava na época.

Durante um passeio no dia seguinte, Witu informou Gurnemanz de tudo o que acontecera nesse espaço de tempo. Quando o rei quis falar de Syphax, o sábio aparteou, dizendo:

— Eu o vi de passagem. Esse homem é mau e brutal. Todavia, entre Brunhild e ele existem ligações provenientes de um passado longínquo.

TODAS as casas de hóspedes estavam ocupadas. A maioria dos druidas há dias já havia chegado com os seus, para que de forma alguma deixassem de ouvir o sábio que todos veneravam.

Gurnemanz inspecionou o salão onde teria de fazer seu pronunciamento tão significativo. Havia cadeiras e bancos em número suficiente, de modo que ninguém precisaria ficar em pé. Witu indicou uma cadeira bem entalhada, uma espécie de trono sobre uma plataforma de pedra algo elevada e com uma pequena mesa em frente. Gurnemanz acomodou-se na cadeira, olhando pensativamente para o salão.

— Além de Syphax e Tus, encontram-se ainda outros estrangeiros em teu distrito?

Witu refletiu.

— Apenas Katreus, o mercador! respondeu ele hesitante. É das grandes ilhas. Antes buscava aqui estanho e prata, dando pérolas e pedras preciosas em troca. Ele fala perfeitamente o nosso idioma. Desde que se casou com uma de nossas moças, vive quase que constantemente conosco.

— Convida os três para assistirem à nossa reunião! disse Gurnemanz.

Logo a seguir levantou-se, deixando com o rei o salão.

Na manhã seguinte, Gurnemanz vestiu a longa túnica branca com o cinto de prata que Uwid havia preparado. Nessa ocasião ele usava abertamente a estrela de cinco pontas com a cruz sobre o peito. Tão logo estava pronto, Witu chegou para conduzi-lo ao salão.

— Todos estão presentes. Não falta ninguém.

Quando Gurnemanz entrou no salão, todos se levantaram; ele então ergueu em saudação a mão direita, inclinando a cabeça e logo depois sentou-se. O casal real acomodara-se entre os demais no salão.

Não sendo amigo de longas preliminares, Gurnemanz começou logo com uma pergunta dirigida a todos:

— Que diz a profecia que Embla, a senhora da Terra, através da mensageira Skuld, mandou-nos transmitir? Quem souber a resposta que fale.

Mal ecoaram as últimas palavras e Ulrike, a mulher de Kingrun, levantou-se, pedindo para ser ouvida. Kingrun era druida do oitavo distrito do sul. Ulrike, apesar de sua idade avançada, ainda era uma mulher bonita, com cabelos escuros e olhos castanhos brilhantes.

— "Atentai para a lua pálida, que chamamos de Estrela Lunar. Quando ela deixar sua casa estelar, ao mesmo tempo, a Atlântida deixará a Terra, desaparecendo nas águas do mar."

Gurnemanz inclinou a cabeça, confirmando, e a mulher sentou-se novamente no seu lugar.

— O tempo em que essa profecia se realizará está próximo! Ninguém, naturalmente, esperava que isto acontecesse tão brevemente. Nós todos, de agora em diante, teremos de deixar nossa pátria atual, emigrando para o país que nos foi previsto. Também lá, todos poderão ter uma vida pacífica e cheia de trabalho. O caminho até esse país é penoso e longo. Contudo, não hesiteis! Pois a mesma luz radiante brilhará em nossa nova pátria também! E nunca esqueçais: o bem mais precioso e mais seguro carregais convosco dentro de vossos corações. É a ligação com nosso senhor e rei, Parsival. Enquanto essa ligação persistir, viveremos com felicidade. Não importa onde nos encontremos!

— Não posso acreditar no que estou ouvindo! exclamou Hoegni revoltado. Por que seremos, justamente nós, atingidos por uma desgraça dessa espécie? Nosso maravilhoso país não merece isso!

Exclamações indignadas, mas também palavras concordantes, impediram que Hoegni continuasse a falar. Hoegni era o filho do druida Gulbrand, do segundo distrito do sul.

Gurnemanz, que já esperava algo semelhante, respondeu pacientemente:

— Hoegni, pondera. A Terra, cada pedaço dela tem de ser mantido sadio. Isto somente pode ocorrer mediante modificações necessárias. Aí atuam forças que estão fora do alcance da compreensão humana.

A maioria compreendeu e concordou com essa explicação, manifestando sua opinião com exclamações encorajadoras. Quando novamente reinou silêncio no salão, Seyfrid, que estava sentado bem à frente, levantou-se e dirigiu-se aos que estavam reunidos. Seus olhos refletiam nobreza e sinceridade quando disse:

— Sei, através de meu pai, que vivemos várias vezes na Terra, estando sujeitos com isso a muitas transformações... Vejo nossa partida como uma nova transformação... assim tornamo-nos mais sábios e mais inteligentes! acrescentou ele ainda a seguir.

Syphax parecia nem ter escutado as palavras de Seyfrid, pois dirigiu-se a Gurnemanz e exclamou:

— Estás anunciando a morte de um país maravilhoso, e eu admiro tua coragem! Esperas realmente que um povo inteiro dê crédito a tuas palavras?

O escárnio que jazia nessa pergunta não se podia deixar de perceber. O rei estava indignado e prestes a responder. Nesse momento exclamou Katreus:

— O sábio homem falou a verdade! Eu o sinto no meu íntimo.

Ao falar isso bateu com ambos os punhos no peito.

— Voltarei para as grandes ilhas. Elas situam-se bem longe daqui.

— Viajaremos contigo! gritaram alguns moços para Katreus.

Logo depois outros jovens se dirigiram a Syphax, gritando seu nome várias vezes.

— Leva-nos contigo para teu país, do qual nos contaste coisas maravilhosas.

Syphax não respondeu. Estava ali sentado, como se não tivesse ouvido nada. E não ouvira nada mesmo, pois, em pensamentos, já se regozijava de sua grandeza vindoura e do poder que exerceria. Em tempo previsível... em verdade já desde agora poderia considerar-se rei da Atlântida... e depois faria de sua filha, Liasse, a rainha...

Estabeleceu-se novamente silêncio no salão, que foi interrompido por Clusin, o druida do quinto distrito do sul. Ele perguntou:

— Quanto tempo ainda nos resta até a realização da profecia?

— Alguns decênios ainda se passarão, até chegar o momento. Podemos, portanto, preparar nossa partida com calma.

— Se é assim, não preciso temer o cataclismo do país e, portanto, não necessitarei emigrar. Nem minha mulher nem eu alcançaremos a idade para vivenciar esse acontecimento horrível.

Clusin mal terminou de falar, e verificou-se que quase a metade dentre os presentes no salão era da mesma opinião. Entre eles encontravam-se ainda vários druidas...

GURNEMANZ tinha a impressão de como se o salão, de repente, estivesse povoado de inimigos invisíveis... Incrédulo, olhou para as pessoas que lhe afirmavam que a partida não seria necessária... Será que elas não compreendiam que tudo se modificaria no país?... Os animais silvestres já agora eram impelidos para fora do local em perigo, em direção a outras regiões... As fontes subterrâneas, decerto, já estavam prestes a secar...

— Sofrereis fome e sede! começou Gurnemanz a esclarecer. Pois no decorrer dos anos, tudo aquilo que as criaturas vivas necessitam para sua existência, será subtraído do país. Vossas safras secarão, ou apodrecerão por excesso de chuvas... também não mais podereis contar com a costumeira ajuda do povo da natureza... Cada gigante, cada anão até agora esteve ao nosso lado, auxiliando... Florestas inteiras secarão com todas as árvores frutíferas... isto ocorrerá quando elas forem abandonadas por suas almas, os *elgis*...

Não demorará muito e sentireis a onda de destruição aproximar-se do país...

Gurnemanz sentiu-se profundamente exausto depois de seus esclarecimentos, os quais encontravam pouco eco. Era tão importante que os druidas unanimemente e cheios de confiança seguissem o apelo para deixar o país. O exemplo deles seria a salvação de muitos. Gurnemanz levantou-se e disse concluindo:

— A negação e recusa do inevitável apenas vos priva de forças, tirando-vos a paz. Além disso, conhecereis algo novo: o sentimento do medo! Medo enlouquecedor!

Tristeza e amargura enchiam o coração de Gurnemanz ao levantar-se para deixar o salão. Melhor do que qualquer outro, ele sabia que não havia possibilidade nenhuma de salvar alguém, quando a própria pessoa assim não o quisesse por si mesma. Ainda totalmente conturbado, pediu a Witu que o acompanhasse; iriam convocar todos os druidas, sem as famílias, para se reunirem no castelo no dia seguinte.

— Nós nos reuniremos no Salão Real, quando o sol estiver no ponto mais alto.

Por volta das cinco horas da tarde, Gurnemanz, seus dois acompanhantes e a família real estavam sentados na grande sala de jantar, a fim de tomar a refeição principal do dia. Syphax aparecera sem ser convidado, sentando-se ao lado de Brunhild. A refeição, como sempre, foi tomada em silêncio. Apenas Syphax, que parecia não ter fome, já que não tocava na comida, interrompeu o silêncio:

— Tua fama como sábio eu já conheço! dirigiu-se ele a Gurnemanz. Estamos agora só entre nós, e ninguém pode ouvir o que aqui se fala, por isso gostaria que me fossem respondidas algumas perguntas. Tuas profecias sombrias destinavam-se somente a nós, forasteiros, que no decorrer do tempo aqui nos alojamos, ou incluíam, realmente, todo o teu povo também? Antes que me respondas, quero assegurar-te que eu não faria nenhuma objeção se uma parte de vosso presunçoso e vaidoso povo abandonasse o país...

— Cala-te! exclamou Witu, tremendo de ira.

Gurnemanz dominou a aversão que sentia por esse homem, respondendo calmamente:

— Eu te considerava mais inteligente... tuas dúvidas, no entanto, provam o contrário. Com a suposição de que eu pudesse enganar o povo, colocas-me no mesmo nível de vossos sacerdotes, magos e bruxas... Profecias ligadas a alterações profundamente incisivas são sempre transmitidas muito antes do tempo. Assim todos podem familiarizar-se com isso, de modo que estejam cientes quando os efeitos do acontecimento se aproximarem... Todo o povo sabe que nosso país chegou a um ponto de maturação onde não há mais nenhum desenvolvimento ulterior. Com o cataclismo, várias espécies de animais, bem como árvores e outras plantas, cujo tempo findou, desaparecerão totalmente da Terra.

Syphax escutava com um sorriso indefinível.

— De quem provém a profecia? perguntou ele.

Witu levantou-se de um salto, querendo repreendê-lo. Gurnemanz, porém, colocou a mão sobre o braço dele, acalmando-o e obrigando-o a sentar-se novamente.

— Essa pergunta é justificada, tomando-se em consideração o país de onde nosso visitante veio! observou Gurnemanz. Visto tratar-se de uma região habitada por seres humanos, essa profecia naturalmente nos foi transmitida por espíritos que cuidam do bem-estar dos seres humanos. O momento de um fenômeno natural na Terra é determinado sempre e exclusivamente pelos grandes de Asgard.

Syphax ainda não estava satisfeito. Notou, porém, que a profecia realmente existia. Ainda gostaria de saber quando a família real deixaria o castelo. Mas não ousou formular novas perguntas.

Gurnemanz captara exatamente a pergunta não formulada, razão por que disse a Uwid:

— Temos ainda diante de nós cerca de dez anos, durante os quais poderemos permanecer no país. Esse tempo é suficiente para notificar todo o povo de que a profecia se realizará na época determinada.

— Com a tua permissão, viajarei pelos distritos! exclamou Seyfrid para Gurnemanz. Explicarei a situação ao povo, convidando-o a emigrar para a terra nova que já nos aguarda!

— Faz isso, Seyfrid! respondeu Gurnemanz. Eu próprio e mais vinte e quatro mensageiros faremos o mesmo. Isto é necessário porque apenas uma parte dos druidas concorda conosco...

Witu também queria sair, mas Gurnemanz desaconselhou-o.

— Fica no castelo, pois suponho que visitantes de toda a parte virão para ouvir tua opinião. A infidelidade dos druidas custará a vida de muitos.

Syphax deixou o salão, para alívio de todos. Estava decepcionado por precisar esperar tanto tempo ainda para executar seus planos. Ao mesmo tempo esse prazo era-lhe conveniente. Para seus planos precisava ainda de muito mais moças e homens…

Gurnemanz caminhou até sua casa em companhia de Witu, seus dois acompanhantes e Seyfrid. Nesse ínterim Uwid e Modred inspecionavam o Salão Real. Elas abriram o armário embutido na parede de pedra, tirando o pano que cobria o cálice e colocando-o novamente no centro da grande mesa. Nesse momento o Salão Real ficou especialmente belo, pois pelas aberturas das janelas de grades de madeira penetravam os raios do sol poente, de modo que o salão estava mergulhado numa luz rósea. Uwid e Modred não ousavam pronunciar nenhuma palavra. Somente quando a luz empalideceu um pouco, elas puxaram as pesadas cadeiras, afastando-as da mesa; depois contemplaram as placas de madeira afixadas nas paredes em determinados espaços. Essas placas eram tão antigas quanto o castelo. Todas estavam cobertas de desenhos, executados nas cores vermelha, azul e castanha. Apesar da idade, as cores nada haviam perdido de sua luminosidade. Numa das placas via-se, em meio a uma constelação, um grande globo terrestre tingido de azul, para o qual uma bola vermelha menor com uma cauda do feitio de um cometa se lançava. Na extremidade inferior havia caracteres decifrados por Gurnemanz. Isso não era difícil para ele, uma vez que esses caracteres indicavam uma data. Uma data que se referia ao cataclismo do país.

Uma das placas era especialmente bonita. No seu centro encontrava-se uma taça feita de lâminas de ouro e pedras preciosas. Era uma obra de arte sem igual, representando figuradamente o sagrado Heliand. Nas outras placas viam-se principalmente pássaros, dragões e outros animais…

— É o mais bonito aposento de todo o castelo! disse Uwid, passando as mãos quase afetuosamente sobre o encosto do trono, onde Gurnemanz se sentaria no dia seguinte.

Depois de um último olhar ao redor, ambas deixaram o salão. Fora, somente os telhados ainda estavam iluminados pela luz do sol poente.

— Parece-me que os passarinhos que anualmente nidificavam em nossos telhados dessa vez não vieram! disse Modred olhando para o telhado perscrutadoramente.

— Provavelmente as estradas do ar que conduzem em nossa direção já foram destruídas pelos protetores deles! respondeu Uwid algo melancólica.

QUANDO Uwid e Modred entraram na sala de trabalho, onde durante o dia geralmente ficavam, viram Brunhild com sua filha no braço, sentada num banco. Brunhild estava chorando. Ultimamente chorava com frequência. Syphax pouco se importava com ela. Não obstante, continuava a agarrar-se a ele.

— Pareces apenas uma sombra! disse Uwid criticando.

Modred tomou a criança, embalando-a afetuosamente em seus braços. Liasse era uma menina bonita e forte, com cabelos pretos encaracolados e olhos azul-claros.

— Ele agora está novamente na muralha da praia, com os olhos fixos nas ondas. Somente se interessa pelas mulheres marinhas nuas[*]. Um dia lhe darei um empurrão para que caia no mar. Aí poderá embalar-se com elas nas ondas! disse Brunhild com ódio.

Uwid estava tão assustada com as palavras e a expressão do rosto de sua filha, que teve de sentar-se.

Essa não podia ser sua filha… era uma criança tão amável… deveria ser um dos espíritos maus, que se haviam misturado entre o povo da Atlântida, que adquirira domínio sobre ela…

Modred sentara-se também, com a criança adormecida no braço. Estava mais indignada do que assustada. Syphax era um homem abominável… Não se reconhecia mais Brunhild.

---

[*] Sereias.

— Se não te separares logo desse homem, realmente ainda te tornarás uma assassina!

Ao mesmo tempo, perguntava a si mesma se uma única pessoa possuía tanto poder para transformar, assim horrivelmente, uma moça de índole tão boa como Brunhild…

Brunhild nem ouviu as palavras de Modred. Emagrecida e sem esperanças, estava sentada, com o olhar distante. Syphax, de repente, entrou na sala. Nenhuma das três havia percebido sua chegada. Inclinou-se cortesmente diante de Modred, tirou-lhe a criança e começou a caminhar de um lado para outro na sala. Enquanto caminhava, falava sem parar para a criança. Baixinho, mas não tanto que as três mulheres não pudessem ouvir algo.

— Tu te tornarás rainha da Atlântida… Liasse… Tu és a única mulher humana digna de ser considerada… Eu te gerei… Diante de ti, como única entre as mulheres humanas, os homens se inclinarão… Eu preparei esse reino e os seus súditos para tua vindoura atuação…

— Cala-te! Teu espírito está morto ou te deixou! exclamou Uwid irada. Nenhuma rainha libertará este país de seu destino infalível! E tu, homem vaidoso, acautela-te para que a serpente marinha ainda não te agarre e arraste para o fundo do mar.

Syphax soltou um grito de raiva, em seguida jogou a criança nos braços de Brunhild e deixou a sala.

— A lembrança da serpente marinha livrou-nos da presença dele! disse Modred respirando fundo.

Pegou novamente a criança, conduzindo Brunhild para o seu aposento.

Uwid não se mexera. Estava desesperada, não compreendendo mais sua filha outrora tão orgulhosa. Nunca soube o que era medo; agora, porém, uma sensação inexplicável de medo paralisava seus membros. Finalmente se levantou. Um vento gelado soprava do mar, e ela sentiu frio. Não contaria nada a Witu sobre as ideias assassinas de Brunhild. Ele já tinha o bastante de preocupações por causa da incompreensão dos druidas. O desgosto por Brunhild lhe roubaria o sono. Isto não poderia acontecer de modo algum, pois, no dia seguinte, ele necessitaria de toda a força que seu espírito acumulasse à noite.

Witu voltou cansado para o castelo; foi logo para o dormitório e deitou-se. Pouco antes de adormecer, ouviu nas proximidades o canto melancólico dos cisnes. "Eles voam sobre nosso castelo!" pensou já semiadormecido. Naquele momento não se tornara consciente para ele o estranho comportamento dos cisnes.

Somente na manhã seguinte, quando passeava pelo vasto terreno do castelo, como sempre fazia, recordou-se do canto dos cisnes. "Provavelmente sonhei!" pensou. Apenas ao anoitecer soube que não se tratara de um sonho. Seyfrid e Güiniver voltaram de uma excursão, contando que os cisnes do lago da ilha tinham desaparecido. Os dois jovens estavam visivelmente consternados com isso.

— Dizes que todos os cisnes desapareceram? perguntou Uwid também inquieta.

— Não vimos um sequer! respondeu Güiniver. Quando saímos, um bando de gansos pretos desceu sobre as águas.

— Os cisnes nos abandonaram. Voaram ontem, ao anoitecer, cantando sobre nosso castelo. Pensei que fosse um sonho...

— Já agora, pai? Por que eles fazem isso? Passarão anos ainda até sairmos!

— Está certo, meu filho. Contudo, esqueces que os animais vivem em seu próprio mundo, agindo de acordo com as instruções de seus protetores! explicou Witu seriamente. Pensa nos incontáveis pássaros e nos outros animais que vivem em nossas florestas e prados... O êxodo deles começa já agora, mas passarão decênios até que todos tenham deixado o país... pois precisam ser encontradas regiões para todos os animais, regiões que correspondam às suas necessidades... Impeli-los simplesmente para fora daqui e abandoná-los a um destino incerto, isto seus guias jamais fariam.

— O rei tem razão! exclamou Güiniver consolada. A nós, seres humanos, também foi destinada uma nova terra que deverá tornar-se nossa pátria.

Durante seu passeio matutino, Witu encontrou alguns de seus visitantes, que já há dias estavam alojados numa das casas de hóspedes. Eram Wulthus, o druida do décimo distrito do norte, o mestre tecelão Tyndar e o mestre curtidor Geikil. Shevaun, a filha de Wulthus, que caminhava atrás dele, inclinou-se diante do rei e continuou andando. Ela estava dirigindo-se a Brunhild. Conheciam-se desde pequenas e visitavam-se com frequência. Queria agora conhecer a filha de Brunhild... e se possível o pai da criança, o qual tinha conseguido certa fama no país devido a seu salvamento único...

TYNDAR e Geikil pediram, nesse meio tempo, uma audiência ao rei. Wulthus dera-lhes esclarecimentos sobre tudo. Conheciam, pois, a profecia e estavam dispostos a deixar o país a qualquer hora, estabelecendo uma nova pátria lá onde fora previsto. Havia, porém, algo que ainda não lhes dava sossego; também outros tinham a mesma preocupação e lhes fariam perguntas quando voltassem.

Witu olhou pensativamente para Wulthus. Apesar de ter colaborado por longo tempo, esse druida permanecia-lhe um estranho.

— Vinde! Vossa pergunta não será difícil de responder.

O mestre tecelão e o mestre curtidor voltaram junto com o rei para a casa de hóspedes, sentando-se nas cadeiras de vime que se encontravam em frente, sob as árvores. Wulthus não os acompanhara. De qualquer forma, ele ainda ficaria para assistir à reunião dos druidas...

— Sabemos que nosso país submergirá no mar! começou o mestre curtidor, depois de estarem sentados. Agora nós nos perguntamos se a água não inundará também terras longínquas, bem como as ilhas afastadas daqui. Muitos animais e seres humanos teriam, então, de sucumbir...

— O equilíbrio da Terra nunca foi perturbado por um fenômeno natural. Também desta vez isso não acontecerá! A Atlântida submergirá, sem que com isso nenhum outro país venha a sofrer. Os grandes e pequenos construtores do mundo da natureza são mestres em tudo o que se refere a esta Terra. Portanto, mestres também quando for necessário deslocar continentes... Enquanto a Atlântida submerge, uma terra em outro lugar se elevará, a qual corresponderá ao peso da Atlântida. Suponho que se trate de uma cordilheira. O submergir e o emergir realizam-se simultaneamente.

Que tais transformações terrestres necessitem de preparativos demorados e cuidadosos, vós compreendeis...

O rei calou-se, olhando interrogativamente para os dois...

— Simultaneamente! O submergir e o emergir ocorrem simultaneamente!... disseram os dois homens quase com reverência. Despreocupados e alegres podemos caminhar então para casa, pois agora nos é possível responder a todas as perguntas.

O rei e os outros dois levantaram-se.

— A fidelidade ainda está viva dentro de vós, por isso torna-se fácil para mim fazer um pedido. Esclarecei as pessoas de vossa região sobre o vindouro acontecimento e convencei-as a deixar o país. Em nossa terra, espíritos maus estão empenhados em impedir a partida do nosso povo. Mediante insinuações malévolas e afirmações ignorantes, já agora têm causado grandes perturbações... Não mais entendo muitos dos nossos... antigamente as ordens de cima eram recebidas confiantemente e executadas... O maior bem... a fidelidade para com o nosso senhor e rei, Parsival... essa ligação firme afrouxou-se...

— Rei! começou Geikil. Em tuas palavras pressente-se a verdade. Também entre nós processam-se alterações perturbadoras. Há pouco, dois homens que falavam nossa língua passaram por nosso distrito advertindo contra a profecia. Afirmavam que a Atlântida ainda poderia ser salva.

— Geikil tem razão. Os dois homens – não sabemos de onde vieram – provocaram alguma confusão! confirmou Tyndar. Não obstante, tenho o firme sentimento de que a maioria dos nossos não vacilou!

O rei sorriu aliviado, olhando quase emocionado para os dois homens que ainda o superavam em tamanho apesar de sua grande altura.

— No ser humano estão o bem e o mal, lado a lado. Queira o bem conquistar a vitória!... De onde os forasteiros conheciam a nossa profecia? perguntou ele mais a si próprio do que aos dois...

— Provavelmente através de Klingsor. Ele passou por nosso distrito, e suas canções lembravam a profecia... certamente fez isso por toda a parte. Pareceu-nos como se quisesse preparar-nos para o futuro acontecimento.

— Assim deve ser. Klingsor, o mensageiro cantor de Gurnemanz, despertou em todos a recordação da profecia... Talvez nos vejamos de novo somente em nossa nova pátria! disse Witu, despedindo-se.

Geikil e Tyndar inclinaram a cabeça, colocando, como sinal de sua fidelidade inabalável, a mão direita sobre o peito. Esperaram ainda até que o rei se afastasse e a seguir saíram também. "Tomara que nossos búfalos não se tenham afastado demais." Tal preocupação era desnecessária, pois os búfalos pastavam no prado onde tinham sido deixados. Ao escutar os assobios de seus amos, levantaram logo a cabeça, aproximando-se em trote lento.

Geikil não somente sabia curtir, mas também era um domador de búfalos bastante procurado. Domador, talvez, não seja a expressão correta. Pois não havia nenhum animal que temesse o ser humano, escondendo-se ou atacando-o. Ao contrário. Era visível que eles amavam as pessoas e, onde fosse possível, procuravam sua proximidade. Aliás, um treino era necessário antes de se poder utilizar búfalos, cavalos e cervos como animais de montaria. Esse treino era no fundo muito simples. Colocava-se uma correia de couro no pescoço do animal escolhido, correia essa que tinha uma rédea em ambos os lados. O primeiro cavaleiro era sempre um menino. O "preparador" ou "treinador" segurava o animal pela cabeça e falava com ele, tranquilizando-o, enquanto um outro ajudava o menino escolhido a sentar-se no dorso do animal. Este assustava-se, tornava-se irrequieto e tentava fugir. O preparador, porém, continuava a segurar firmemente a cabeça do animal e falava ainda mais insistentemente com ele. Pouco a pouco o animal se acalmava. Havia entendido que um ser humano queria sentar-se em seu dorso.

O preparador, então, segurava com firmeza a correia no pescoço do animal, convidando-o para um "passeio". O primeiro passo parecia ser difícil para o animal, pois ficava parado, como que pregado no mesmo lugar. Somente depois de mais de uma explicação, dava cautelosamente os primeiros passos; a seguir, cada vez mais depressa, de modo que o preparador tinha de segurá-lo pela correia do pescoço.

Três dias seguidos aplicava-se o mesmo método, depois não havia mais problema. O animal tolerava ser montado, sem resistência alguma. Isto somente se modificaria, caso percebesse que não era a mesma pessoa que lhe falava e cuidava, dando-lhe gulodices. Este era quem, então, o animal considerava seu amo. A partir do instante em que entendia possuir um "dono", que necessitava do seu dorso para a locomoção, não tolerava nenhum outro sobre suas costas.

A domesticação naquele tempo era fácil e simples, uma vez que os seres humanos e os animais ainda podiam entender-se uns com os outros...

ENQUANTO o rei conversava com Geikil e Tyndar, Shevaun caminhava lentamente pelos pátios calçados com pedras coloridas, que ligavam o castelo às edificações anexas. Aproximou-se, então, sem saber, da Casa da Rocha habitada ainda por Syphax. Frequentemente pensava nele. Conhecera Tus, que o chamava de príncipe, elogiando-o sobremaneira.

Tus, desde que morava no distrito do rei, conhecera todos os druidas e suas famílias. Isto só era possível ali, visto que todos os druidas vinham até o castelo frequentemente, a fim de colocar o rei a par dos acontecimentos em seus distritos. Geralmente vinham acompanhados por suas mulheres e dois ou três filhos. Naqueles tempos longínquos ainda não havia casais com prole numerosa, como acontece hoje em muitos países.

Shevaun assustou-se. Diante dela, de repente, estava um homem vestido de preto, olhando-a penetrantemente com seus olhos verdes. Assim como se a estivesse submetendo a um exame. Ela, como todas as mulheres e moças que Syphax conhecera, era muito bonita. Suas tranças compridas eram loiro-avermelhadas e seus olhos eram escuros. Nos distritos do norte, olhos escuros constituíam uma raridade. Shevaun estava aborrecida consigo mesma. Era uma moça altiva, não compreendendo por que agora, calada e com o coração batendo, consentia que alguém cravasse os olhos nela... Esse príncipe estranho era perigoso. Possuía uma inexplicável força de atração mesmo sobre ela, embora não gostasse dele desde o primeiro momento. Agora entendia melhor Brunhild.

— Por que não deixas soltos os teus maravilhosos cabelos? perguntou ele, tocando numa das flores azuis com as quais ela enfeitara os cabelos.

No distrito dela havia muitos blocos de rocha totalmente cobertos por essas flores vicejantes de talos curtos. Pareciam de palha, tendo cores muito vivas. Mais para o norte não vicejavam.

Shevaun estava tão perplexa com essa pergunta atrevida, que a princípio lhe faltaram palavras. De repente sentiu raiva, e ao mesmo tempo vergonha por tê-lo considerado de certa forma atraente. Isso deu-lhe coragem. Olhou-o altivamente, dizendo com indiferença:

— Pareces ser muito ignorante!
— Ignorante? Eu?

A ousadia da afirmação surpreendeu-o. Até agora conhecera somente moças caladas e passivas, que mal podiam esconder a admiração que sentiam por ele.

— Sim, ignorante, do contrário não terias formulado uma pergunta tão tola. Pois não sabes que cabelos compridos, soltos durante o dia, perdem uma parte de seu misterioso encanto?

Mais, não havia a explicar. Shevaun virou-lhe as costas, seguindo por um caminho que conduzia ao castelo. Syphax ficou parado, indeciso, seguindo-a com o olhar. Nesse meio tempo aproximara-se Wulthus, pai de Shevaun, vindo do outro lado da Casa da Rocha.

— Desde há muito tenho vontade de conhecer-te, príncipe Syphax! disse Wulthus, levantando a mão para o cumprimento.

Syphax assustou-se, olhando interrogativamente para o interlocutor.

— Sou Wulthus, o druida do décimo distrito do norte.
— Lembro-me muito bem de ti, principalmente de tuas palavras. Palavras sábias! Deste razão a Clusin, quando ele recusou-se a deixar o país apenas por causa de uma profecia sombria.

— A profecia corresponde à verdade! respondeu Wulthus, visivelmente incomodado. Mas não vejo nenhum motivo para deixar o país, uma vez que ainda nos resta tanto tempo.

— E emigrar é uma resolução grave! concordou Syphax. Eu sou estranho aqui e muita coisa referente a teu povo ainda não compreendo... Tenho perguntas justamente a respeito dessa profecia...

— Pergunta! Talvez eu saiba as respostas! disse Wulthus animando-o, quando Syphax hesitou.

— Vi vossas casas! começou ele devagar. Nos rochedos do mar, nas encostas das montanhas, nas proximidades de rios e lagos... Vi também algumas das grandes construções de troncos indestrutíveis... e este castelo aqui... e a larga e alta muralha que protege a terra contra a invasão do mar... os blocos de pedra utilizados para essas construções...

— Trata-se de obras dos gigantes! Seres humanos não poderiam ter realizado isso! intercalou Wulthus.

— Estou ciente de que se trata de obras dos gigantes, embora nunca tenha visto um desses "poderosos construtores". No fundo interesso-me apenas pelo povo do mar! Agora a pergunta: por que motivo os gigantes ergueram todas essas construções indestrutíveis, se o país está destinado ao cataclismo?

— Não percebeste que a maioria dessas construções é antiquíssima? Neste castelo, por exemplo, já reinaram quatro reis... A muralha foi levantada na época de Kundri... Todos os trabalhos executados pelos gigantes parecem ser indestrutíveis... antiquíssimo é também nosso país.

— Se eu estivesse convicto da profecia, não esperaria um dia sequer para emigrar! disse Syphax pensativamente. Mas não acredito nisso... Em nosso país também há videntes. Contudo, não me lembro que alguém tivesse levado a sério suas previsões.

A conversa dos dois, então, foi interrompida por alguns dragões que voavam por cima deles com grande alarido e tinir de asas. O deslocamento de ar que provocaram poderia ter jogado Syphax no chão, se Wulthus não o tivesse segurado pelo braço a tempo.

— És um homem muito procurado, como vejo! disse Wulthus, sorrindo ao sair.

"Um homem muito procurado?" pensou Syphax, ao ver aproximar-se um grupo de moças e moços que tinham vindo com seus pais por ocasião da reunião dos druidas, e agora queriam visitá-lo.

— Ele ama somente sereias, com suas peles reluzentes como pérolas! disse uma das moças suspirando.

Era Creidne, a filha do druida Moran, que assim falou.

Syphax dirigiu-se aos visitantes, convidando-os a entrar em sua casa.

ENQUANTO isso Shevaun chegava ao portão sul do castelo. O grande portão deslizante estava aberto; não obstante, pegou uma clava pendurada na parede ao lado e bateu duas vezes numa placa de bronze embutida na pedra. "Aproxima-se um amigo", significavam as duas batidas. Depois de se ter anunciado, entrou. Queria cumprimentar a rainha, porém todos os salões que atravessou estavam vazios. Da casa da cozinha saía um delicioso cheiro de assado, lembrando-a de que naquele dia muitos visitantes seriam servidos.

Dirigiu-se a uma saída lateral, entrando na grande cozinha coberta apenas pela metade. Numa das paredes da parte descoberta, com apenas dois metros de altura, havia duas pedras compridas com uma depressão no meio, contendo brasas até a metade. Dois homens viravam diligentemente os espetos com os patos dispostos sobre a brasa. Em cada espeto havia dez patos.

Na parte coberta da cozinha, ao longo de uma mesa comprida, Uwid, Modred e ainda quatro mulheres de druidas estavam ocupadas de tal forma que somente perceberam Shevaun quando esta já se encontrava ao lado delas, oferecendo sua ajuda.

— Preparamos a massa dos pães e a seguir os assamos nas chapas quentes. São saborosos. Pega um. Gostarás! disse Modred.

Shevaun pegou do monte um dos pães de farinha de aveia e começou a comer.

— Eu queria visitar Brunhild a fim de conhecer sua filha, porém não a vi em nenhuma parte! dirigiu-se Shevaun a Uwid, quando terminou de comer o pão.

— Brunhild foi até Tus, a costureira. Essa estrangeira faz bonitos vestidos, mas desconfio dela. Também confecciona amuletos. Entre esses encontram-se até cabeças de cobras.

Uwid lavou as mãos, pegando a seguir sua cruz que antes havia guardado zelosamente numa prateleira.

— Que joia maravilhosa! exclamou Shevaun entusiasmada. Essa cruz tem até um brilho!

Uwid olhou pensativamente para a cruz. Depois de uma pausa prolongada, disse:

— Pressinto que uma parte do nosso povo usará amuletos de cabeças de animais, e a outra parte, a cruz. Os últimos serão os agraciados...

— Por que alguém usaria cabeças de animais? Essas cruzes são muito mais bonitas. Como eu gostaria de possuir uma! disse Shevaun.

— Shevaun! Em nosso povo se realizará uma separação! Tu percebeste, ontem, que nem todos os druidas concordavam com Gurnemanz. Eram até contra a emigração! A imutável confiança recíproca não existe mais entre nós!

Shevaun concordou com a rainha. Ouvira muitas coisas que a haviam preocupado, pois conhecia a influência que os druidas exerciam sobre o povo...

— Apenas uma parte continuará ao lado de Gurnemanz, preparando-se lentamente para a partida, enquanto a outra ouvirá pessoas como Syphax, Tus e sua igual espécie, assim como também, naturalmente, os druidas infiéis! exclamou Uwid quase em desespero.

— Tens razão! Todos os que seguem Gurnemanz deveriam usar cruzes, enquanto os outros poderão contentar-se com suas cabeças de animais. No nosso distrito encontram-se vários artífices capazes de confeccionar tais cruzes!

— Manda fazer, primeiramente, uma para ti! aconselhou a rainha. Depois uma para Klingsor, pois os homens também podem usar cruzes debaixo de suas roupas. Aliás, cruzes sem pedras preciosas.

Shevaun, que amava Klingsor, mas ainda era jovem demais para com ele se casar, olhou agradecida para Uwid, enquanto seus olhos se enchiam de lágrimas.

— Mas os artífices deveriam ter muitas cruzes prontas! observou a moça, enxugando as lágrimas com suas longas tranças.

— Somente entram em cogitação os artífices que confiam em Gurnemanz. Todos os outros, de qualquer forma, não se interessarão mesmo por isso.

Depois dessa resposta, Uwid abriu silenciosamente uma porta de correr que conduzia para uma ampla e arejada despensa. Havia no canto uma mesa com uma cesta de vime, em cujo fundo macio de capins estava estendido um pano branco. Shevaun soltou uma exclamação, encantada ao ver a criança que mal cabia na cesta.

— Liasse! Que nome singular... ela tem a mesma pele morena de seu pai, assim como a mesma cor de cabelo... Eu vi Syphax... sentimentos os mais contraditórios assaltaram-me ao vê-lo... de certa forma ele me atemoriza... tem em si algo de hostil ao gênero humano.

— É exatamente assim... Eu sinto o mesmo e não compreendo como outras moças, além da minha lastimosa filha Brunhild, corram atrás dele, adorando-o até e aceitando suas histórias do mar como se fossem revelações.

Shevaun contemplou ainda durante algum tempo a bela criança.

— Procurarei Brunhild... talvez possa aliviar sua aflição... Syphax é cruel e não merece que ela derrame por ele nenhuma lágrima.

Shevaun encontrou Brunhild junto a Tus. Além dela estavam presentes mais três ajudantes da costureira e ainda dois homens de cabelos pretos, de meia-idade, que conversavam baixinho com Tus num canto do grande salão.

Brunhild estava provando um vestido vermelho sem mangas. Shevaun ficou muito surpresa ao ver o vestido vermelho sem mangas, que não combinava nem um pouco com Brunhild, de aspecto tão amargurado. Antigamente a tinta vermelha só era usada por entalhadores de madeira, principalmente na confecção de baús, nos quais, por exemplo, pintavam pássaros, frutas, etc., que queriam destacar de modo especial.

— Eu esperarei! disse Shevaun, percebendo que Brunhild ficava impaciente.

Tus, de quem nada escapava, interrompeu a conversa com os dois forasteiros e se aproximou da moça. Conhecia de vista a filha de Wulthus... mais uma filha de druida, como freguesa, firmaria sua posição no distrito real... Tus logo tirou de uma mesa alguns amuletos pendurados em cordéis, indo ao encontro de Shevaun.

— Estás vendo aqui trabalhos executados por grandes artistas de teu país. Escolhe um e aceita-o como presente meu!

Shevaun logo viu que as pequenas figuras representavam toda sorte de animais marinhos.

— Príncipe Syphax deu ordem para que somente se confeccionem amuletos que representem algum animal do mar... Um dos artífices conseguiu representar uma sereia em pérolas e pedaços coloridos de conchas. A figura ficou muito bonita. O príncipe levou-a consigo, proibindo o artista que a fizera de confeccionar outros exemplares iguais. Ele ama somente as sereias, desde que elas o salvaram! acrescentou em voz tão alta que também Brunhild, que estava um pouco mais afastada junto das costureiras, teve de ouvir. Mas também pude observar quão alegremente ele recebe moças... sim, procura até seduzi-las... precisa de moças para seus planos... pois através delas conquista os moços, que lhe importam muito mais... Ele, na realidade, despreza mulheres humanas... elas só existem para ter filhos...

Shevaun estava horrorizada. Tus parecia não perceber, pois continuou:

— Não sabes, pois, que os moços que procuram constantemente a companhia de Syphax já pensam como ele? Entre eles se encontram também alguns filhos de druidas. Olha para a filha do rei... ela era, como vim a saber, uma das moças mais bonitas...

Brunhild veio de uma sala contígua, onde se trocara. Disse algumas palavras a Tus e a seguir deixou a casa junto com Shevaun.

— Viste minha filha... e também Syphax?... Eu sei como fiquei feia... Meu pai presenteou-me com um grande espelho de prata, para que eu mesma possa convencer-me disso...

Shevaun mal ouvira. Estava totalmente transtornada com aquilo que Tus havia contado. De repente, via somente escuridão e pavor diante de si...

— Abandona esse homem! Ele espalha desgraça em volta de si... Nosso nobre, fiel e tão altivo povo... não é somente tu que ele despreza, mas sim todas as mulheres!

Brunhild não respondeu. Conhecia melhor do que todas as demais o verdadeiro eu dele. Seu poder sobre ela estava desaparecendo. Um dia se vingaria de toda a ignomínia que lhe fizera.

— Gurnemanz encontra-se agora com os druidas no Salão Real. Como eu gostaria de estar presente apenas para ver o Heliand! interrompeu Shevaun o silêncio, ao entrarem no castelo.

Liasse, guiada por Modred, veio ao encontro delas. Já podia caminhar, parecendo alegrar-se com isso.

— Cinco druidas não vieram. Entre esses encontra-se Clusin! disse Uwid, entristecida, para as duas moças.

— Por que devemos ficar tristes com isso? Cada um que não age direito forma para si um futuro sombrio. Isso todos nós sabemos.

Uwid, naturalmente, deu razão a Shevaun. Contudo, encontrava-se num estado de desespero do qual não podia livrar-se tão facilmente…

Gurnemanz estava sentado na cadeira real, olhando para a taça no centro da mesa. A delicada irradiação que emanava da taça atuava sobre ele como bálsamo, devolvendo-lhe, ao mesmo tempo, sua tranquilidade inabalável. A tristeza que sentira nos últimos dias o tinha oprimido pesadamente… Olhando para os druidas que se haviam sentado na grande mesa redonda, a falta dos cinco, de repente, era-lhe indiferente, pois lembrou-se de como eram, no fundo, insignificantes e secundários os seres humanos… Tinham, aliás, seu destino nas próprias mãos, podiam organizar sua vida como bem entendessem, escolhendo a direção de seus caminhos; todavia, não eram livres, pois sua vida futura estava ligada às decisões tomadas no presente.

— Nós todos, outrora, juramos fidelidade ao nosso senhor e rei de todos os espíritos, Parsival! começou Gurnemanz. Através desse juramento estamos ligados com a fonte de Luz que irradia dele. Sabeis que finas irradiações partem de cima até nós, embaixo. Podemos chamá-las também de caminhos. Todas as revelações, até agora, puderam vir a nós por esses caminhos, através de espíritos superiores. Também a profecia chegou por esses caminhos, e agora nos foi dado conhecer a data em que o cataclismo do nosso país se tornará realidade! Nossa melhor proteção está em saber o que virá!

Gurnemanz fez uma pausa. Sentiu fortes correntes contrárias no salão… tinham de ser neutralizadas, eis por que perguntou:

— Quem de vós tem a intenção de deixar o país no decorrer dos próximos dez anos e também de convencer o povo da necessidade dessa medida, povo esse cuja confiança vós possuís? Preciso conhecer vossos planos, por isso peço-vos responder a esta pergunta!...

Doze druidas logo responderam afirmativamente. Estavam também dispostos a emigrar mais cedo, caso isso se fizesse necessário. Os outros ficaram calados. Estavam indecisos. Depois de um silêncio mais demorado, Gudrin, o druida do sétimo distrito, respondeu à pergunta.

— Eu e os meus deixaremos o país, pois sei que a profecia se realizará. No entanto, não entendo por que isso tem de ser feito já nos próximos dez anos... temos ainda vários decênios à nossa frente... Não posso convencer o povo da minha província de algo em que não acredito... Deixarei o país somente quando chegar o momento crítico para isso.

Gurnemanz não precisou perguntar aos outros seis, pois concordavam unanimemente com Gudrin. Também eles não entendiam por que deveriam abandonar sua pátria prematuramente. Gurnemanz fez ainda uma última tentativa para convencê-los do contrário. Não por causa dos druidas, mas em consideração aos muitos que também seriam arrastados para a destruição, devido ao comportamento teimoso dos druidas.

— Muita desgraça poderia ser evitada se os seres humanos atentassem aos presságios e os interpretassem! começou Gurnemanz. Os répteis estão abandonando os seus pântanos e andam de um lado para outro... os cisnes cantores deixaram a Atlântida. Não são mais vistos em nenhum dos lagos... No morro dos dragões sem donos, suas cavernas estão quase todas vazias. Eles voaram para além-mar, não mais voltando... As águas subterrâneas já há muito estão sendo desviadas... isto significa que muito tempo antes do cataclismo faltará água... E ainda as violentas tempestades, que varrem nosso país agora com extraordinária frequência... Eu poderia enumerar muitos presságios mais, porém sinto que não penetram nem em vossos corações nem em vossos cérebros. Por isso eu vos peço que deixeis o Salão Real!

Os sete druidas levantaram-se. Alguns contrafeitos, outros impetuosamente e tão rapidamente que pareciam estar em fuga.

Depois da saída deles, todos respiraram como que aliviados. As correntes hostis haviam-se desfeito. Dirigiram seus olhares para o Heliand, sentindo aí intuitivamente uma bem-aventurança que lhes era nova e desconhecida, e que quase os assustava.

Gurnemanz levantou-se indicando para o cálice no centro da mesa.

— Heliand é a designação que outrora foi dada pelos senhores de Asgard… Contudo, os espíritos dos mundos superiores têm um outro nome para o cálice da vida.

"Um outro nome!" pensavam os druidas, que também se haviam levantado. Gurnemanz fechou os olhos durante alguns segundos, juntando as mãos como que em prece. Com uma tensão quase trêmula, os outros esperavam que ele continuasse a falar.

— Lá o cálice é denominado "Santo Graal"! disse Gurnemanz, enquanto olhava um a um.

"O Santo Graal!"… O nome Graal perpassou-os como um raio… nunca tinham ouvido esse nome, e no entanto não lhes era estranho.

— Nossos espíritos o conhecem! respondeu Gurnemanz às perguntas silenciosas. Desde o tempo em que prestamos o juramento de fidelidade ao nosso senhor e rei, Parsival… Isso já faz muito tempo… foi antes de sermos enviados como preceptores a outros espíritos em longínquas partes do mundo…

O juramento de fidelidade! Cada um deles repetia no íntimo o juramento de fidelidade que lhes preenchia todo o ser… De repente, aconteceu algo que encheu de lágrimas os olhos de todos. Um vislumbre avermelhado desceu, envolvendo a taça sagrada… Enquanto isso acontecia, ouviam-se melodias… Pareciam perfluir todo o ar. Eram ouvidas como se fossem trazidas pelo vento, vindas de todas as direções… O que os poucos seres humanos no salão sentiam, ultrapassava em muito qualquer felicidade terrena… era uma vivência impossível de ser descrita com palavras…

Pouco a pouco empalideceu a luz avermelhada que havia envolvido não somente a taça, mas também a mesa, o amplo salão inteiro e todos eles. Foi como se cada um respirasse profundamente e aos poucos se tornasse novamente consciente do presente. Uma gratidão infinita enchia seus corações… Mas somente se moveram quando Gurnemanz os convidou a se sentarem. Certamente não havia nenhum entre eles que pudesse descrever o que lhe acontecera, o que vivenciara no espírito. Gurnemanz estava sentado, como que absorto em pensamentos.

INTERROMPEU-SE o silêncio no salão. Foi Gulvein que começou a falar, primeiramente baixinho e depois mais alto. Os presentes assustaram-se visivelmente ao ouvirem a voz dele.

— Eu tinha a impressão de estar caminhando numa montanha muito alta! começou o druida. Ao encontro de uma luz, cuja origem não era reconhecível... Meu espírito estava preenchido do juramento de eterna fidelidade... este juramento tornou-se tão poderoso dentro de mim que, por fim, saiu de meu peito como um clarão dourado...

Gulvein fez uma pausa. Contudo, nenhum som, nem o mínimo movimento perturbava o silêncio de expectativa.

— O clarão, que parecia sair de meu coração, pouco a pouco tomou forma! continuou narrando Gulvein. Tinha a forma de uma fruta... uma fruta impossível de ser descrita mais detalhadamente... pois no mesmo momento estava diante de mim um grande ente alado, pegando a fruta com delicadas mãos brancas e levando-a embora... para dentro de uma bola branca... O que então aconteceu, não sei! finalizou Gulvein seu relato.

— Transmitiste clara e nitidamente o que cada um de nós vivenciou de maneira análoga! disse Gurnemanz bondosamente.

Os outros druidas olhavam à sua frente com olhos brilhantes. Gulvein expressara o que todos sentiam no coração. Também eles tinham tido a impressão de estarem caminhando sobre uma montanha muito alta... e também neles o juramento de fidelidade preenchia todo o ser...

— A fruta? Que significava ela? perguntou um dos druidas.

— A fruta é a semente de uma árvore maravilhosa. Nós todos temos um jardim no país dos espíritos, onde crescem frutas e desabrocham flores. Os frutos mais saborosos, porém, crescem na árvore que nasceu da fidelidade humana! Tudo que sentimos e fazemos toma forma nos jardins dos espíritos!

Os druidas acenavam afirmativamente com a cabeça. Cada um desejava que sua árvore se desenvolvesse bem. Gurnemanz olhou ao redor. Aguardava ainda outras perguntas.

— Penso no vislumbre vermelho que desceu. De onde veio? perguntou Moran. Eu senti o vislumbre como um sopro de força, enviado por nosso senhor e rei, Parsival. Pois Luz é, ao mesmo tempo, força!

Gundhar também tinha uma pergunta.

— Eu não compreendo o procedimento dos druidas que nos deixaram… Até o momento havia união entre nós. E agora eles se colocam de lado! Que motivo os levou a isso?

— Nós, seres humanos, somos submetidos de tempos em tempos a provas, ocasiões em que as fraquezas e as forças de nossos espíritos evidenciam-se nitidamente. Agora houve novamente um momento desses. Uma parte dos nossos passou pela prova, tendo com isso dado um passo para cima. Aqueles que não passaram pelo teste afastaram-se do caminho reto que conduz à fonte da Luz. E isso é sempre perigoso, uma vez que a maioria não mais encontra o caminho de volta. Para vós, a Luz iluminará também nas horas escuras!…

— Devemos deixar o país junto com o rei Witu? perguntou um dos druidas.

— Não, junto com ele, não! respondeu Gurnemanz. Deveis, em vossos próprios distritos, formar grandes grupos, colocando-vos à frente e guiando-os. Não faltarão guias que conheçam os novos caminhos. Esses caminhos conduzem para o norte, leste e também em direção oeste. Os que vivem no extremo sul do país poderiam também dirigir-se às grandes ilhas, em navios à prova de intempéries. Lá ainda existe muita terra bela e desabitada.

— A maioria preferirá a longa viagem em direção ao norte. O povo lá embaixo teme agora o mar! opinou um druida dos distritos sulinos.

— Por que eles teriam medo? O povo marinho nunca nos fez mal algum! intercalou Gurnemanz.

— Não é o mar. Expressei-me erroneamente. Nos últimos tempos apareceram lá, além das serpentes marinhas, grandes monstros sem cauda, de aspecto realmente amedrontador. Eles poderiam fazer soçobrar qualquer navio.

Gurnemanz compreendeu, acrescentando depois de uma pausa:

— Informai também os mercadores, para que eles, pouco a pouco, se afastem. Muitos conhecem a profecia e seguirão vosso conselho.

Visto que não fizessem mais perguntas, Gurnemanz levantou-se, e com ele todos os demais. Sobre sua longa roupa branca, Gurnemanz vestia, naquele dia, um manto branco, que quase alcançava o chão. Uma coroa de ouro, com pontas de ônix preto, ornava sua cabeça.

Também os druidas vestiam longos mantos de cor amarela, que chegavam até o chão. Os elmos de prata que usavam na cabeça, em honra ao dia, faziam-nos parecer mais altos ainda do que já eram.

Agora, finda a reunião, todos sentiam intuitivamente uma tristeza inexplicável. Pressentiam que talvez pela última vez estivessem reunidos com Gurnemanz. Estavam também conscientes de que, devido à saída dos outros druidas, o seu trabalho seria dificultado em muito...

— Decerto não é nenhum acaso que exatamente agora, quando muda o destino, nos é revelado o nome do sagrado cálice! disse Witu. Gurnemanz deu-lhe razão.

— De fato, não é nenhum acaso. Todos os acontecimentos importantes realizam-se em momentos para isso determinados. Isso diz respeito também às revelações que são dadas à humanidade.

Os druidas abaixaram a cabeça em silenciosa concordância. Sabiam que era assim. Quando Gurnemanz ergueu os braços, levantando o cálice da mesa, todos pronunciaram ao mesmo tempo, como se combinado previamente, o novo nome: "O Santo Graal!" Gurnemanz repetiu esse nome sagrado e retirou o cálice da mesa, recolocando-o no armário. Depois, todos deixaram o Salão Real.

WITU conduziu seus hóspedes através de dois pátios pavimentados, passando por um poço cuja beirada de pedra estava ornamentada com grandes conchas; logo depois estavam diante da sala de refeições, situada ao lado da cozinha. A porta de correr foi aberta, e de dentro Modred pronunciou a saudação de boas-vindas, oferecendo a Gurnemanz uma caneca com vinho de frutas. Também os druidas receberam uma. Beberam o vinho e acomodaram-se a seguir nas pesadas cadeiras de madeira de carvalho, tomando a refeição simples que consistia em pato assado e pão de aveia.

As mulheres e filhas dos druidas que se encontravam no castelo já haviam feito a refeição e esperavam agora pela rainha no salão de recepção. Ao entrar, ela foi logo cercada, recebendo muitas perguntas. Todas ofereciam ajuda, querendo saber por onde deveriam começar.

— Também eu, apesar da incompreensão do meu pai, ajudarei! interrompeu Shevaun.

— Nós todos podemos ajudar muito, se conseguirmos que os habitantes de nossos distritos abandonem o país nos próximos dez anos. Depois desse prazo as forças da natureza começarão o trabalho de desintegração; o bem-estar dos seres humanos, então, não mais será levado em consideração.

Os guias que nos levarão à nossa nova pátria moram todos na aldeia junto à Casa da Neblina. De lá, então, seguiremos para o desconhecido. Nesse local poderemos escolher a direção. Além de Gurnemanz e os guias, apenas Klingsor conhece as regiões que entram em cogitação para nossa colonização. Dizem que as paisagens são maravilhosas. As montanhas, inclusive, não são tão altas como as nossas aqui...

Enquanto Uwid trocava ideias com as mulheres, falando sobre a futura atuação delas, Seyfrid estava com dezesseis moços, alguns mais velhos do que ele, no salão de recepção de uma das casas de hóspedes. Quase com as mesmas palavras de sua mãe, explicava-lhes como imaginava a atividade futura de todos eles, para que pudessem obter salvação não somente para si próprios, mas também para seus contemporâneos.

Pelo menos seis eram amigos de Syphax, isso Seyfrid sabia muito bem; não obstante, esperava poder convencê-los com seus argumentos. Deixaram-no falar, e todos escutavam atentamente. Quando não tinha mais nada a dizer, a maioria deu-lhe razão. Estavam dispostos a esforçar-se para emigrar em tempo.

Diferente foi com os amigos de Syphax. Estes nem de longe estavam dispostos a levar a sério os conselhos de Seyfrid. Ao contrário. Tentavam refutar tudo o que ele havia apresentado.

— Dentro de vós fala Syphax! interrompeu-os, indignado, Rodri, o filho de um entalhador de madeira. Para mim chega desse palavrório mesquinho de idólatras!

Depois dessas palavras deixou o salão.

— Naturalmente é Syphax que fala de dentro de nós! Ele é nosso mestre, e nós o admiramos! exclamou Hoegni prepotentemente.

— O que, pois, admirais nele? Até agora não pude ver nada que fosse digno de admiração! falou Seyfrid quase desesperado.

— Naturalmente não podes! respondeu Hagen. Até há pouco deu-se comigo o mesmo que contigo. Também eu apenas admirava os gigantes e os dragões. Isto, contudo, modificou-se. Hoje eu admiro Syphax e sua coragem em defender abertamente concepções de vida totalmente opostas às nossas.

— Syphax nos ensina como deve ser um homem! intercalou orgulhosamente o filho de Clusin.

— Ele vem de um país cujo povo se encontra sob a influência de Nyal. Isto significa que esse povo está separado da fonte da Luz! disse calmamente Alard, o filho do druida Gulvein.

— É o que afirma Gurnemanz! exclamou Wate, tremendo de raiva. Mas provas disso ele não tem. Eu queria que tivéssemos templos e sacerdotes que cuidassem do bem-estar de nossos espíritos. As criaturas humanas de lá não precisam reunir-se em florestas como nós, igual a animais…

— Cala-te! interrompeu Alard as explanações de Wate.

Kingrun, filho do druida Kingrun, levantou a mão. Logo depois ecoou sua voz sonora:

— Eu gostaria de ouvir algo mais detalhado sobre as doutrinas do príncipe desconhecido. O que não se conhece, é difícil julgar.

O primeiro a falar foi Hoegni. Ele bateu no peito, postando-se diante de Kingrun.

— Somos homens! Só nós possuímos a força geradora… isto nos torna senhores do mundo…

— As mulheres não são nada em comparação a nós! continuou Wulthus, filho do druida Wulthus. Elas só servem para trazer filhos ao mundo. Syphax diz que considera as sereias mais elevadas do que as mulheres humanas… As sereias somente existem para alegrar os homens e não para servi-los, como é o caso das mulheres humanas!

Depois dessas afirmações disparatadas, estabeleceu-se um silêncio, que não somente tinha em si algo de opressivo como também de sinistro.

Kingrun olhou para os adeptos de Syphax com uma expressão estranha em seus olhos. Depois desatou a rir tão repentinamente, que todos se assustaram.

— Sou ainda muito jovem, porém ouso afirmar que as doutrinas que esse Syphax vos ensina superam em arrogância e estupidez tudo o que até agora foi dito na Terra. E… deixai o salão, pois temos de falar ainda sobre coisas importantes! concluiu Kingrun.

Os adeptos de Syphax estavam tão perplexos por alguém ter ousado rir deles que, sem reclamar, embora com os punhos cerrados, abandonaram o salão.

GURNEMANZ havia deixado o castelo. Dirigia-se ao sul. Além de seus dois acompanhantes, cavalgavam com ele Seyfrid e Sigebrant, o filho do druida Trygve. Os dois moços queriam estar junto de Gurnemanz o maior tempo possível, pois ele era o único capaz de responder às suas inúmeras perguntas.

Também os druidas e suas famílias haviam deixado o castelo, pondo-se em viagem para seus distritos. A metade deles logo começaria os trabalhos de esclarecimento, aconselhando o povo em tudo o que se referia à emigração. A outra metade, provavelmente, não faria nada, deixando assim todos na incerteza. Os mensageiros que viajavam pelo país por ordem de Gurnemanz eram, naturalmente, uma grande ajuda. Decisivo, no fundo, contudo, seria o comportamento e exemplo dos respectivos druidas.

Klingsor, de etapa em etapa, viajara por todos os distritos. Nada melhor do que as canções e contos dele para redespertar na memória a antiga profecia. Todavia, era a primeira vez que o popular cantor deixava atrás de si inquietação e insegurança nos locais por onde passava. A ninguém escapava o tom insistente que vibrava em suas canções. Perguntavam-se se a data, de fato, já estaria tão perigosamente perto que todos tivessem de deixar a pátria. Muitos, no decorrer do tempo, tornaram-se indolentes, temendo a mudança. Respostas às suas perguntas, eles conheciam exatamente. Suas próprias intuições as respondiam…

Witu cavalgou para o distrito do norte mais próximo, a fim de transmitir pessoalmente a algumas famílias lá radicadas a notícia de que chegara a época prevista, e com ela o começo de uma nova fase de vida…

No castelo permaneciam Güiniver e Shevaun como hóspedes de Uwid. Desde que Güiniver havia-lhe contado que se casara com Seyfrid no Bosque da Deusa, Shevaun somente pensava em Klingsor. E desde que o cantor passara algumas semanas em sua casa a fim de ensinar seu irmão mais moço, Marbod, e alguns outros jovens a tocar lira, seus pensamentos, esperanças e desejos circulavam em volta dele. Aliás, não sabia se ele também pensava nela. Era um sentimento martirizante. Shevaun procurava afastar esse sentimento da melhor forma possível.

— Sinto que Klingsor já viaja para cá! disse Uwid um dia, olhando sorridente para Modred.

— Já viaja para o castelo? exclamou Shevaun alegremente…

Durante vários dias seguidos ela subia numa colina atrás do castelo, de onde se via a estrada pela qual ele deveria vir.

Syphax, que observava tudo o que acontecia ao seu redor, notou naturalmente a mudança que ocorrera em Shevaun. Tornara-se irrequieta e inconstante…

— O que ela procura tão fervorosamente na colina? Quem ela está esperando? perguntou ele a Brunhild certo dia.

— Eu não sei. Pergunta-lhe. Talvez ela também seja tão tola como eu, abrindo seu íntimo para ti…

Syphax apenas sorriu. Podia esperar.

Klingsor chegou num dia em que uma das agora tão frequentes ventanias bramia sobre o país. Brunhild, Shevaun e Syphax estavam na varanda coberta do lado norte da casa da cozinha, quando o cantor apareceu subitamente diante deles. Ele dirigia-se aos estábulos, onde sempre guardava seu animal quando vinha ao castelo. Agora que Klingsor ali estava, Shevaun não sabia como reagir.

— Não ouvimos o som de tua corneta, senão teríamos ido ao teu encontro.

Klingsor olhou-a surpreso. Estava visivelmente alegre em vê-la.

— Provavelmente os travessos entes do vento levaram para longe o som da minha corneta! respondeu rindo.

A atenção de Klingsor, contudo, dirigia-se a Brunhild. Ele a amava e sempre lhe trazia algo quando visitava a família real. Enquanto o cantor caminhava até seu cavalo e tirava alguma coisa do bolso da sela, Syphax observava-o com sentimentos contraditórios. Klingsor era um homem extraordinariamente atraente, tendo mais de trinta anos. Ninguém ia ao encontro dele com desconfiança, como acontecia com Syphax. Todos os corações, de velhos e moços, batiam ao seu encontro...

— Brunhild, desta vez trouxe para ti um pingente. Olha! disse Klingsor baixinho, dando-lhe um passarinho com as asas abertas e coberto de pérolas.

Brunhild, com os olhos banhados de lágrimas, contemplou a pequena joia em sua mão.

— O passarinho está abrindo as asas, olhando alegremente para longe. Ele jamais voltará, pois voa ao encontro de uma nova pátria...

Brunhild não podia pronunciar nenhuma palavra. De preferência ela se teria encostado em seu peito, esquecendo toda a tristeza e todo o sofrimento. Klingsor olhou durante alguns instantes para a sua cabeça abaixada; a seguir, voltou-se e caminhou até seu cavalo. Não olhou nem para Syphax nem para Shevaun. Pegou seu cavalo pelas rédeas e o levou embora. Na ocasião em que soube que Brunhild havia-se entregado a um estranho, sentira como se tivesse sido atingido por um raio... E hoje seu rosto aflito e amargurado... O que mais gostaria de fazer seria agarrar Syphax e jogá-lo de volta ao mar que o havia lançado à praia... Esse homem desencadeava nele sentimentos violentos, de cuja existência nunca havia suposto...

Shevaun, decepcionada, seguiu o cantor com os olhos. Não falara com ela e nem a olhara... Tornou-se difícil para ela conter as lágrimas. Há semanas alegrava-se quando pensava nesse momento... Um som como um riso abafado fez com que se assustasse. Voltou-se e viu Syphax. Estava encostado a uma coluna, dirigindo a ela um olhar sarcástico.

— Esquece esse homem... não desperdices teus pensamentos com ele... ele somente vê Brunhild... talvez eu a empurre para ele...

Shevaun virou-se sem nada dizer e saiu. Não gostava desse estrangeiro. Sua decepção com Klingsor não havia alterado nada em relação a isso.

Mal Shevaun saíra, Brunhild também deixou a varanda, seguindo o caminho que ia até os estábulos.

"Ajuda-me... ajuda-me Klingsor... Estou desesperada!" murmurou ela para si mesma, enquanto caminhava.

Klingsor estava aguardando ao lado de seu cavalo. Havia sentido que ela o seguiria. Como estava emagrecida... nenhuma flor enfeitava mais os seus cabelos... O que mais gostaria de fazer seria colocá-la em seu cavalo e ir embora com ela...

— Estou com medo! disse Brunhild, estendendo para ele as mãos frias. Medo dos meus próprios maus pensamentos... Eu quero empurrá-lo da muralha para a praia rochosa... para que ele volte para lá, onde deveria estar...

Klingsor assustou-se profundamente. Que modificação tinha ocorrido nessa outrora tão amável moça?... Sofria com ela, pois sabia bem demais o que ela quisera dizer ao falar de maus pensamentos...

— Sou estranha a mim mesma! continuou Brunhild. Ele me aproximou da influência de Nyal. Só assim posso explicar minha vida atual... Tu sempre estiveste perto do meu coração... por que isso se tornou diferente quando ele veio?... Por que eu pude esquecer-te?

"Sim, por quê?" pensava Klingsor. Essa pergunta já muitas vezes o havia atormentado, visto que não sabia a resposta.

— Liberta-te dos maus pensamentos, Brunhild. Eles são como os enxames de moscas junto às cavernas... apenas se pode evitá-los... senão os enxames tornam-se tão densos, que tiram toda a visão... Eu também preciso livrar-me disso! acrescentou ele baixinho.

— Eu trouxe sofrimentos para tua vida também... eu sei... não sei como continuarei vivendo! exclamou Brunhild chorando, enquanto encostava a cabeça no peito dele como uma criança cansada.

— Só existe um caminho! disse Klingsor com firmeza. O caminho para a Casa da Neblina. Lá estarás protegida, até que possamos prosseguir para a nova pátria.

— Estás esquecendo a criança. Ele nunca me deixaria sair com ela. É a única coisa que esse homem insensível parece amar... Fica no castelo… em tuas proximidades os maus pensamentos e desejos se desvanecem! implorou Brunhild.

— Não posso ficar… ainda não… preciso ajudar Gurnemanz a esclarecer as pessoas… Temo que muitos dos nossos seguirão o exemplo dos druidas infiéis, decidindo-se a deixar o país somente quando já for tarde demais para isso.

— Naturalmente tens razão… estou pensando somente em mim. Erguendo-se, olhou para ele.

— Deste-me novo ânimo… quero ouvir-te cantar uma vez mais…

— Apenas uma vez? Ainda irás ouvir-me entoar muitas canções. Já hoje ao anoitecer poderás ouvir a canção que há pouco compus para ti. Volta agora e evita os maus pensamentos! Farei o mesmo.

KLINGSOR havia trazido pingentes de prata e pérolas para Uwid e Modred também, entregando-lhes quando estavam sentadas na sala de estar. Eram pássaros artisticamente trabalhados, só que a posição das asas era diferente. Nessa ocasião, Uwid contou-lhe sobre as cruzes e mostrou a sua, tirando do pescoço o cordão azul do qual pendia a cruz coberta de pedras preciosas vermelhas, dentro de um quadrado. Klingsor olhou para ela como que fascinado. Sim, era isso… Usar uma cruz como esta, tinha sentido… Enquanto a contemplava em sua mão, sentiu-se transportado para um mundo superior. Via cores e escutava melodias que jamais ouvira antes.

— Essa cruz irradia algo vivo. Tenho a impressão de como se a visse hoje pela primeira vez.

— Em breve muitos a usarão… assim pelo menos espero… pois não é apenas a cruz dos nossos antepassados, mas também a nossa. Ela nos une com o sagrado Espírito.

Klingsor tirou do bolso uma pequena pedra, em cujo centro estava gravada uma cruz.

— Achei essa pedra com a cruz num amontoado de pedras. Já faz muito tempo. Desde então eu a carrego sempre comigo.

— Oern e outros confeccionam agora somente cruzes! disse Modred. Também para homens. Cada um que emigrar deveria usar uma cruz, levando-a consigo para a nova pátria.

Klingsor deu-lhe razão. Uwid levantou-se, empurrou para o lado a porta de um armário embutido e voltou com uma cestinha.

— Escolhe uma cruz. Estas aqui são exclusivamente para homens.

Klingsor pegou um cordão no qual pendia uma pequena placa redonda de estanho, onde estava gravada uma cruz.

— Levarei esta placa! disse baixinho.

Uwid pegou o cordão e pendurou a cruz no pescoço dele.

— Esconde-a debaixo de tua roupa! aconselhou ela.

No momento da entrega da cruz, ouviu-se um soluçar. Era Modred. A bela moça esforçava-se para não mostrar sua tristeza, pois seu marido, Ither, parecia estar diante dela, quase alcançável... Klingsor assustou-se, olhando-a interrogativamente.

— Ither voou já há vários meses com seu dragão para a ilha do vulcão e até hoje não retornou. Ele tinha a intenção de ficar ausente por três dias. Dragões nunca se perdem em seus voos. Conhecem muito bem o caminho de volta.

— E ninguém o procurou? perguntou Klingsor preocupado.

— Naturalmente procuraram-no. Os homens que voaram atrás dele não o encontraram. Nem ele nem seu dragão estavam na ilha do vulcão.

Liasse interrompeu o silêncio pesaroso que se estendia pela sala. Andava, meio insegura ainda, dirigindo-se diretamente ao instrumento musical encostado ao lado da cadeira de Klingsor. Logo depois Brunhild seguiu a criança, sentando-se, com os olhos abaixados, ao lado da mãe. Aguardava a nova canção. Klingsor pensava em Ither e seu estranho destino...

— Animais, pois, sabem com muita antecedência quando uma transformação terrestre está para se desencadear. Provavelmente ainda outros dragões levarão seus amos consigo, quando abandonarem o país em perigo.

Uwid assustou-se. Teria de advertir Witu.

Klingsor virou-se para seu instrumento musical e logo a seguir começou a cantar com sua voz maravilhosa. Ao primeiro acorde,

Güiniver e Shevaun entraram no salão e acomodaram-se num banco de pedra um pouco afastado.

*À sombra de videiras brancas
caminhávamos...
Confiantemente descansava na minha,
tua mão.
Nossos corações falavam alto,
mesmo que nenhum som
saísse de nossos lábios.
Céu, terra, floresta e rio viram
o brilho luminoso do amor
que nos unia, elevando-nos...*

A canção era dirigida a Brunhild, mas também tocou as almas dos outros. A esperança e a bondade que vibravam nas palavras da canção fizeram surgir em todos luminosas imagens do futuro... Silêncio absoluto reinava na sala quando ele terminou. Silêncio que somente era interrompido pelo estrondear das altas ondas do mar contra a grande muralha.

— Continua cantando! pediu Brunhild.

E Klingsor cantou. Por fim apresentou a canção na qual se destacava o heroísmo do povo da Atlântida. Os antepassados dos atuais habitantes tiveram de suportar, em certa ocasião, pesadas lutas... foi numa época em que invasores vieram com muitos navios, ancorando no extremo sul do país, ocupando a seguir uma grande parte dele. Os inimigos puderam manter-se durante quase sete meses, até os atlantes conseguirem expulsá-los para o mar. O povo defendia corajosamente suas cidades; contudo, possuía apenas lanças, longe de serem tão eficientes como as pedras que os invasores arremessavam com sinistra precisão, arrebentando a cabeça de muitos atlantes.

*Os corpos mortos ficavam no campo de batalha,
mas suas almas estavam vivas,
sendo levadas para Asgard!
Levadas por Sava, a guia das valquírias.*

*Ela e suas acompanhantes vinham
em cavalos brancos que possuíam quatro vibrantes asas,
e levavam para "o mundo dos deuses de Asgard"
as almas dos heróis tombados.*

— Meu pai tombou num desses combates! disse Uwid, quando Klingsor terminou. O pai de Witu também participou, mas voltou.

— O povo do sul tornara-se comodista e indolente, do contrário o inimigo sequer poderia ter desembarcado! acrescentou Modred.

— Uma invasão agora já seria mais difícil! interveio Klingsor. Temos armas melhores. Além disso, todos os homens possuem atualmente capacetes que cobrem a cabeça e a testa. Esses capacetes não podem ser tão facilmente perfurados por uma pedra.

Nesse meio tempo caiu a noite. O salão estava fracamente iluminado pelo clarão das tochas acesas no pátio. Uwid agradeceu a Klingsor e depois saiu com a criança dormindo em seus braços. Güiniver seguiu-a.

— Amanhã seguirei viagem, Brunhild! disse Klingsor, tomando-lhe as mãos. Faz o que te aconselhei! acrescentou rapidamente, quando Shevaun se aproximou para despedir-se…

COMO era de se prever, houve grande agitação no país. Todos os druidas convocavam reuniões e viajavam até as mais afastadas regiões de seus distritos, a fim de informar o povo sobre a exortação de Gurnemanz para abandonarem o país dentro dos próximos dez anos. Isto fizeram também os druidas que não estavam convictos da necessidade dessa medida. Transmitiam, sim, as palavras de Gurnemanz fielmente, contudo acrescentavam sempre que, segundo a opinião deles, o grande sábio era cauteloso em demasia. Por isso tinham decidido esperar pelo menos vinte anos, ou ainda mais, para abandonar o país. O povo, acostumado a seguir as decisões e conselhos dos druidas – e disso nunca tinha-se arrependido – estava profundamente perturbado com a repentina discórdia reinante entre eles. A inquietação e a insegurança tomaram conta também dos distritos dos druidas que estavam dispostos a atuar exatamente de acordo com as instruções de Gurnemanz.

Contrariando sua resolução original, Gurnemanz visitou apenas poucos distritos. Estava preocupado e triste. Do pouco que viu e ouviu, pôde formar um quadro exato. Após alguns anos ele, mais uma vez, viajaria pelo país inteiro, para depois deixá-lo para sempre.

Mandou Seyfrid e Sigebrant de volta para o distrito do rei, continuando sua cavalgada para o norte.

Witu também voltara de sua viagem. Porém não permaneceu por muito tempo. Sentiu-se impulsionado a visitar os distritos do sul. Tak-Tak, o dragão, soltou gritos de alegria quando seu amo sentou-se em seu dorso para voar com ele. Witu chegou ao seu destino justamente quando um navio descarregava mercadorias no porto, destinadas ao príncipe Syphax. As mercadorias consistiam em figuras altas enroladas em esteiras. Vieram das grandes ilhas. Witu conhecia o mercador, pois também havia trazido muita coisa para ele.

— O que contêm esses fardos? perguntou ao mercador.

— Figuras esculpidas em madeira. Figuras de homens nus. Não posso imaginar para que essas figuras feias serviriam. Uma não estava bem enrolada, de maneira que pude ver o conteúdo.

Witu olhou à sua frente, sem nada dizer. Ira e medo ferviam em seu íntimo. Figuras nuas de homens? Para quê? O que pretendia aquele ardiloso e mau espírito? Entre a juventude ele já havia causado bastante dano. Witu estava indeciso. Gostaria de jogar as figuras no mar. Mas acabou por decidir-se contra tal medida.

Gunar, o druida que morava num castelo não muito longe do porto, havia visto o dragão descer no campo de pouso ao lado de seu palácio, e reconhecera Witu pela sua roupa vermelha de voo. Aliviado e alegre olhou para o visitante. Gunar tinha preocupações. Um sopro do mal parecia estender-se por toda a parte, sim, mesmo em sua própria família. Nunca havia percebido algo assim.

Witu demorou-se aproximadamente uma hora no porto, depois tomou o caminho para o palácio do druida. Gunar já vinha ao seu encontro. Após a saudação usual, que consistia em uma única palavra, "fidelidade", ele conduziu o visitante para o terraço, de onde se descortinava uma maravilhosa vista para o mar e para as várias pequenas ilhas lá situadas. Sentaram-se em cômodas cadeiras de vime; logo depois uma moça alta, de olhos verdes e compridas tranças pretas, colocou sobre a mesa um jarro e duas canecas de estanho. Fez então uma reverência diante do rei e saiu.

Gunar falou sobre o seu trabalho:

— Uma parte dos habitantes emigrará para as grandes ilhas. Já estão trabalhando diligentemente na construção de navios. Outros, por sua vez, decidiram-se pela longa caminhada em direção ao norte. Há também os que preferem ficar. Entre esses encontra-se minha filha, Atesis. Viste-a, pois. É bonita... porém parece não mais ouvir a voz do espírito.

O rei entendeu bem demais a tristeza do outro.

— Sempre fomos um povo unido, e agora os pais não se entendem mais com seus filhos.

Gunar acenou com a cabeça e recomeçou a falar:

— Dois homens que se intitulam sacerdotes viajam pelo país e pregam que a Atlântida não sucumbirá. Contudo, poderia chegar a isso, se o povo continuar a viver como até agora. Sem sacerdotes e sem templos para honrar os deuses.

— Esses assim chamados sacerdotes são servos de espíritos que vivem no submundo. Querem a destruição de todos os seres humanos! exclamou Witu interrompendo. Pelo que conheço da história de nosso povo, nunca tivemos mediadores, ao contrário, sempre nos dirigimos diretamente ao nosso rei celeste, o grande Espírito.

— O povo e nós todos sabemos isso. Não obstante, os dois causadores de inquietação encontram ouvidos receptivos.

— E quem, segundo a opinião desses dois, construiria os templos, dando uma nova orientação às criaturas humanas? perguntou Witu.

— Não sabem algo mais detalhado, mas afirmam que o príncipe Syphax se tornaria o guia espiritual e rei do país. Ele tomará posse em seu cargo tão logo tu e os teus deixarem o castelo.

— É estranho que justamente os filhos e as filhas de druidas se constituam nos adeptos mais fervorosos desse impostor. Minha filha Brunhild foi a primeira a enredar-se nas malhas dele. Hoje arrepende-se disso profundamente. Syphax a maltrata; ela, não obstante, tornou-se submissa a ele.

— Tenho a impressão de que as pessoas jovens apreciam o comportamento brutal desse Syphax! respondeu Gunar. Até agora nossas mulheres eram consideradas como seres superiores e tratadas correspondentemente. Agora, parece ocorrer o contrário. Nossa vida até aqui era tão perfeita. Tudo, de repente, tornou-se diferente. Torna-se cada vez mais difícil para mim afugentar os pensamentos sombrios que me molestam frequentemente.

O rei compreendeu Gunar. Não deveriam todavia ficar desanimados, pois isso era um pecado contra seu senhor e rei, Parsival... Os dois homens ainda falaram sobre a atuação posterior deles nos distritos e beberam mais um copo de vinho de mel. A seguir, o rei levantou-se.

No pátio, embaixo, encontraram Hoegni e um grupo de moços que se inclinaram cortesmente diante do rei. Este observou os moços de estatura alta e rostos simpáticos, compreendendo cada vez menos o comportamento atual deles.

— Hoegni, responde-me uma pergunta! disse o rei.

O moço prontificou-se imediatamente.

— O que te atrai em Syphax?

Antes, porém, que Hoegni pudesse responder, chegou Atesis junto com algumas moças no pátio. Rodearam-no logo, tagarelando.

— Calai-vos! ordenou Hoegni rudemente, virando-se a seguir para o rei e começando a falar.

— Syphax nos abriu um novo e desconhecido mundo... conscientizou-nos da nossa condição de homens... a nós, homens, foi transmitida a força de geração; com isso, somos senhores na Terra... em contraste conosco, as mulheres são criaturas de menor valor...

— Basta! interrompeu o rei. Sob a influência de Syphax elegestes um novo amo... Nyal... Contudo, dize-me Hoegni, como vós, senhores da Terra, salvareis do cataclismo os seres humanos que vos seguirem?

— Não haverá nenhum cataclismo! exclamou Atesis interrompendo. Pelo contrário! Uma vida de regozijo e maravilha em breve começará para nós! É o que a bruxa Trud profetizou e ela sempre tem razão!

Seguido de Gunar, o rei afastou-se enojado. Gunar estava oprimido. Ele mesmo, há anos, havia dado o direito de domicílio no país a algumas mulheres que se intitulavam bruxas. Entre elas encontravam-se Lu e Trud. Nada temera delas. O nome "bruxa" significava tratar-se de mulheres capazes de comunicar-se com espíritos dos mundos do Além. Havia, porém, aprendido algo mais nesse meio tempo. Bruxas não eram tão inócuas como pareciam ser. Podiam, sim, comunicar-se com espíritos, contudo tratava-se de espíritos do séquito de Nyal.

WITU permaneceu vários dias como hóspede de Gunar. Ele contemplava as jangadas feitas de compridos e grossos troncos de árvores, que os gigantes ainda haviam escolhido e trazido das florestas. Agora, hábeis carpinteiros trabalhavam para construir abrigos sobre as jangadas. Abrigos com dois compartimentos e um telhado à prova de intempéries, feito de junco e capim. Havia também velas fortes e remos. Sol, lua e estrelas substituíam a bússola inexistente. Um fogão de pedras com a usual pilha de lenha também lá se encontrava. Witu falava com os proprietários, dirigindo-se com eles a "bordo". Uma tribo inteira emigraria tão logo tudo estivesse pronto, fixando-se nas grandes ilhas.

Witu viu que havia tudo o que era necessário para viver. As camas estavam umas sobre as outras, encostadas às paredes dos dois cômodos, de modo que havia bastante espaço para provisões. Estas consistiam em grandes cestas com frutas parecidas com laranjas e em garrafas de cerâmica com água e vinho de mel; além disso, havia farinha grossa de cereais com a qual se fazia um tipo de tortilha assada, potes de estanho com mel e alguns sacos com uma mistura de ervas para chá. Nunca faltariam peixes. Poderiam apanhá-los a qualquer hora, de dia e de noite.

Entre a Atlântida e as grandes ilhas havia várias ilhas menores, em parte cobertas de florestas, onde poderiam abastecer-se de água fresca, frutas e lenha. Os seres humanos outrora estavam tão estreitamente ligados aos entes da natureza que confiavam no auxílio deles, e se teriam arriscado em qualquer viagem rumo ao desconhecido.

Já as embarcações dos mercadores estrangeiros que vinham à Atlântida não eram tão primitivas. Navegavam em verdadeiros navios, muito largos na popa e mais estreitos na proa. As paredes eram constituídas de compridas e estreitas pranchas de madeira, cuja fabricação era muito penosa. Tinham paredes de madeira impermeáveis, visto que as fendas eram vedadas cuidadosamente com uma massa parecida com piche. As velas desses navios eram bem maiores, e eles possuíam tanto espaço, que além das mercadorias podiam transportar até passageiros.

Witu contou mais ou menos oitenta jangadas gigantes, as quais, tão logo estivessem prontas para a viagem, dariam para sempre as costas à Atlântida, naturalmente quando o vento fosse favorável. Não tinha nem a mínima preocupação de que elas não alcançassem seu alvo. Pois, cada um que emigrava no tempo certo, nada teria a temer, visto poder contar com a ajuda dos entes da natureza.

— Tenho a intenção de voar até a aldeia de Gawan! disse Gunar, quando deixaram o porto. Klingsor e os mensageiros de Gurnemanz, aliás, já estiveram lá. Por isso, é de se supor que saibam da mudança do nosso destino, contudo quero falar-lhe pessoalmente. Hoegni também esteve lá. Provavelmente já espalhou por toda parte que estamos agindo precipitadamente, expulsando desnecessariamente os moradores de suas casas e campos.

— Voarei contigo. Quero ver ainda pela última vez a velha construção. Já faz anos que não vou até lá.

E assim aconteceu. Na madrugada da manhã seguinte os dois homens voaram com seus dragões até a aldeia de Gawan, situada num distrito do sul. Por volta do meio-dia aproximaram-se de seu alvo. Já de longe divisavam o pico da velha construção; tratava-se de uma pirâmide, que excedia em muito a altura das árvores da floresta virgem.

Quando os dragões desceram no campo a eles destinado, todos os habitantes da aldeia vieram cumprimentar os visitantes, desejando-lhes boas-vindas. A ninguém podia passar despercebido o ruído tininte causado pelos dragões em voo.

Depois dos cumprimentos, Gawan conduziu os hóspedes para casa. Logo depois chegou Wania, sua mulher, com um jarro de estanho contendo vinho de ameixas. Ela encheu duas canecas com o vinho, ofertou-as aos visitantes e em seguida retirou-se.

Na aldeia de Gawan viviam aproximadamente cinquenta famílias, que habitavam confortáveis casas de pedra e de troncos de madeira. Em volta situavam-se os bem tratados campos de cereais e de linho. As mulheres ocupavam-se também com a fabricação de óleos aromáticos, e muitos dos homens confeccionavam diversos instrumentos musicais. Os óleos, bem como esses instrumentos, eram objetos de troca muito procurados.

A chegada do rei na aldeia era um grande acontecimento. As mulheres reuniram-se na casa de Wania, ajudando-a a preparar um banquete condigno. Enquanto isso as crianças circundavam os dois dragões, oferecendo-lhes guloseimas de mel. Ambos os animais tomaram delicadamente os doces das mãos das crianças e, a seguir, começaram a apanhar pequenas frutinhas dos arbustos ao redor.

Os três homens falavam sobre diversos assuntos relacionados com o êxodo. Gawan confessou que no primeiro momento ficara com pena de deixar sua bela casa e os campos férteis. Contudo, essa manifestação ingrata felizmente não durou muito. Ao contrário.

— Agradecemos ao nosso senhor e rei pela nova pátria já pronta para nos receber. A modificação fará bem a nós todos, pois entrará novamente mais movimento em nossa vida, mais trabalho, e certamente estarão ligados a isso também novos reconhecimentos espirituais!

Gawan ainda informou que antes da vinda de Klingsor e dos mensageiros de Gurnemanz, havia recebido uma mensagem da transformação que se aproximava.

— Wania, certo dia, colhia cogumelos na floresta. Tinha junto de si nossas duas filhas pequenas e naturalmente também as aves acompanhantes[*]. Wania tinha acabado de encher sua cesta quando as aves, grasnando de modo incomum, começaram a voar de um lado para outro entre as árvores. Ela e as crianças olhavam caladas

---

[*] Tratava-se de uma espécie de gansos, que acompanhavam e protegiam as crianças em suas excursões. Nos distritos do norte os lobos tinham essa missão, mas no sul não havia lobos.

e atentas ao redor, a fim de averiguar o que tanto havia inquietado as aves. As crianças cansaram-se e sentaram-se no musgo. As aves fizeram o mesmo. Wania, porém, estava como que sob um encantamento. Ficou parada em pé, olhando para o caminho pelo qual viera. Então o avistou. Era um jovem alto, muito bonito, com uma túnica com adornos dourados e um cinto largo vermelho-dourado. Seus cabelos eram claros e ondulados. Na mão carregava uma lança comprida com a ponta incandescente. O estranho parou à pequena distância diante dela, indicando com sua lança para o norte. Mas não estava sozinho. Atrás dele vinha uma longa fila de gnomos de diversos tamanhos. Todos carregavam ferramentas. Cavadeiras, pás, bastões, etc. Atrás dos gnomos vinham muitos animais que povoavam a região. Finalmente a longa fila passou, e Wania sentou-se no musgo. As crianças nada haviam percebido.

Gawan encheu mais um copo de vinho para seus visitantes e prosseguiu:

— Quando Wania contou-me sua vivência, eu soube então com absoluta segurança que havia chegado o fim deste país, assim como nos fora profetizado outrora. Alguns dias mais tarde veio Klingsor e depois os mensageiros de Gurnemanz.

WITU e Gunar pernoitaram na casa de Gawan. Na manhã seguinte, ao raiar do sol, puseram-se a caminho da antiquíssima e misteriosa construção que, para o povo da Atlântida, sempre permanecera um enigma. A pirâmide, com aproximadamente cem metros de altura, e largura correspondente, originava-se de uma época em que a Atlântida era maior ainda, tendo uma ligação direta com outro país a sudeste.

Os três homens utilizaram uma trilha bem pisada por animais silvestres, que conduzia diretamente para lá. Mesmo assim levaram duas horas até alcançarem seu alvo. A pirâmide estava inteiramente coberta de musgo e vicejantes trepadeiras. Gawan ficou parado na entrada da construção, aguardando. Mas nada se movia. Ali viviam famílias inteiras de gatos, mas parecia que se haviam mudado. Os animais denominados "gatos" eram amarelo-claros e tinham um tamanho semelhante ao dos pumas.

Witu caminhava ao redor, pensando no povo que outrora havia vivido ali, tendo erguido essa construção sob a direção dos gigantes. Segundo o relato, tratava-se de um povo de sábios que se ocupava intensamente com a astronomia. Todo o saber que possuíam a tal respeito, os atlantes haviam recebido como legado desse povo.

— Cada vez que venho aqui, fico tomado por uma melancolia inexplicável! disse Gawan.

Os três homens sentaram-se numa pedra, entregando-se a sensações estranhas que tomavam conta deles.

— Queria ir até o pico, mesmo que precisasse subir com muito esforço! disse Witu, após um prolongado silêncio.

— Até o pico, de qualquer modo, temos de ir, se não quisermos sucumbir espiritualmente! respondeu Gawan.

— A vidente Kundri, que outrora profetizou o cataclismo do país, fazia parte desse povo já há muito extinto. Se não me falha a memória, um de teus antepassados ainda descendia desses sábios! disse Gunar pensativamente.

— Assim é! confirmou Gawan. Esse antepassado chamava-se Skinir. Ele revelou-nos que essa obra contém um segredo. E mais, sabemos através dele que os sábios e os gigantes voltariam em outra época para a Terra, a fim de erigir uma construção idêntica, ainda maior.

— É chegado o tempo em que a profecia se realizará! Sinto-o claramente! E aqui em especial.

— Comigo ocorre o mesmo! confirmou Gunar as palavras de Witu.

Os dois levantaram-se, dando voltas no bosque. Das velhas árvores gigantescas pendiam compridos véus de musgo e também os troncos e os galhos estavam totalmente cobertos por esse vegetal. Era impossível rodear a pirâmide, visto que um cerrado e espinhoso matagal crescia pelas paredes de pedra.

— O lugar já está silencioso e abandonado. Nesta região havia tantos animais! Eles cumprimentavam-me alegremente quando vinha para cá! disse Gawan quase se lastimando.

Não se via nenhum animal, além das diversas galinholas que ciscavam o chão do bosque, procurando larvas e minhocas.

Gawan conduziu seus dois visitantes para uma colina situada na direção sul, da qual se descortinava uma ampla visão. Os homens ficaram parados em silêncio, deixando atuar neles a beleza singular daquela obra que testemunhava uma cultura elevada.

— Jamais esquecerei esse quadro! disse Witu baixinho.

— Comigo e com todos os que moram na aldeia se dá exatamente o mesmo. Suponho que exista uma edificação similar no outro mundo, senão essa aqui não poderia ter sido construída...

Depois dessas palavras, Gawan olhou para a posição do sol, dizendo que era hora de voltar.

— Podemos retornar por um outro caminho, que passa pelo bosque dos cervos. Gostaria de saber se esses animais também abandonaram a região.

Ainda não haviam andado muito quando Gawan, que ia à frente, parou, olhando surpreso ao redor.

— Eu não sabia que aqui havia um pântano. Também não vejo mais nenhum caminho! disse Witu.

Ele tinha avançado mais alguns passos, afundando até a metade das pernas.

— Há algum tempo estive aqui, detendo-me junto dos cervos. Também minha mulher, Wania, e algumas outras mulheres me acompanharam. Naquela ocasião o solo ainda era firme e seco. Agora entendo por que não vimos animais em parte alguma...

Os homens permaneceram ainda algum tempo em pé, parados, depois viraram-se e retornaram pelo mesmo caminho que tinham vindo.

Witu e Gunar deixaram a aldeia somente no dia seguinte. No dia da excursão à pirâmide, ao anoitecer, todos os moradores da aldeia compareceram à praça de reuniões, e Witu falou da profecia e da necessidade de deixarem o país até a data determinada.

— Gurnemanz teme que mais tarde, em vários lugares, se formem fendas, dificultando muito a caminhada com animais de carga, sim, tornando-a até impossível! acrescentou ele. Deveriam, então, na melhor das hipóteses, ser feitas muitas voltas.

Todos compreenderam e estavam firmemente decididos a não esperar muito para a partida. Agradeceram ao rei e aos druidas por terem vindo pessoalmente.

Witu entregou a Wania, na despedida, algumas cruzes com a necessária explicação. Todos na aldeia, naturalmente, queriam ter uma cruz assim, ainda antes da partida. Gawan, compreendendo tal desejo, pediu aos entalhadores que confeccionassem cruzes de madeira... Mais tarde elas poderiam ser substituídas por outras. E assim foi feito.

Witu e Gunar despediram-se um do outro. Um voou para o norte e o outro para o sul. Não sabiam se novamente se encontrariam.

Gawan não perdeu tempo. Logo depois da visita do rei, preparou tudo para a partida. Wania havia visto em espírito um país com vários rios e verdes planícies. Queriam procurar esse país, mesmo que demorasse meses. Quando tudo estava pronto, Gawan, confiantemente, emigrou com a sua tribo, chamada "tribo dos lanceiros[*]", a fim de fundar uma nova pátria num país ainda desconhecido.

O segundo grande êxodo ocorreu um ano mais tarde. Uma parte do povo da cidade sulina de Ipoema aglomerou-se da melhor maneira possível nas embarcações que naquele período haviam ficado prontas, velejando alegremente para distâncias longínquas. Os membros desse povo não somente podiam construir embarcações semelhantes a jangadas, mas entre eles havia também excelentes artífices em metais. Seus antepassados haviam aprendido através dos gnomos a arte de lidar com metais. Desde então consideravam os gnomos seus benfeitores especiais.

Quando o povo de Ipoema embarcou em seus "navios", haviam passado cerca de três anos desde que Gurnemanz anunciara que o país afundaria no mar dali a cinquenta anos. E que seria aconselhável que já nos próximos dez anos todos se pusessem a caminho de suas novas pátrias.

Os conselhos e as exortações de Gurnemanz foram recebidos com boa vontade pela maioria. Estavam conscientes de que começaria para eles uma nova era, uma vivificação e uma renovação. Ao mesmo

---

[*] Germanos.

tempo, compreendiam que, quanto antes partissem, tanto melhor tudo se tornaria para eles. Apesar de toda a boa vontade e do saber, no decorrer do tempo tudo se deu completamente diferente do que estava previsto. Maquinações inexplicáveis, artifícios, conspirações e obstáculos de toda a espécie dificultavam para muitos a saída do país. Algumas pessoas transformaram-se de modo tão assustador, que tudo indicava que se haviam ligado, consciente ou inconscientemente, às forças do mal. O que se passava com esses outrora tão pacíficos e laboriosos seres humanos?…

A segunda parte da história da Atlântida parece ter pouca conexão com a primeira. Pois vozes se fazem ouvir… vozes que falam de pecado, de ruína, de violências humanas e de infidelidade a Deus. Elas falam também dos poderes elementares, que em data predeterminada arrastaram as criaturas humanas, desencaminhadas e indolentes, para as profundezas do mar…

P ARA alívio de Witu, Syphax não estava presente quando ele retornou ao castelo. Clusin, o druida do quinto distrito sulino, havia-o convidado, pois queria conhecê-lo melhor. Ele se interessava especialmente pelos rituais religiosos do país de onde o príncipe viera. Para tal finalidade, colocou o grande salão de reuniões do palácio à disposição de Syphax. O salão era suficientemente grande para que ele pudesse apresentar o ritual relacionado à sua religião.

Por sábia precaução, Syphax não viera sozinho até Clusin, mas com uma comitiva, pois presumia que Clusin aguardava algo especial. No entanto, Syphax nunca se interessara por religiões. Sua religião consistia na glorificação do homem e de sua força de geração. E na glorificação das sereias.

Da comitiva de Syphax faziam parte cerca de trinta pessoas. Entre elas encontravam-se a bruxa Tus e os dois *nuades,* que há anos vieram da mesma ilha de Tus. A palavra "*nuad*" poderia ser traduzida por "sacerdote" ou "mediador". Gudrin, o druida do sétimo distrito sulino, viera por curiosidade. Em sua companhia encontrava-se Waida, sua filha, que insistentemente havia pedido para acompanhá-lo. Tus tinha consigo, além das vinte "dançarinas- -sereias", ainda quatro servos.

Não tinha sido fácil inventar uma cerimônia religiosa num recinto fechado. O povo da Atlântida sabia dos diversos rituais religiosos dos imigrantes, porém nunca se interessara por isso. Bastavam-lhes os lugares de devoções em suas florestas. Com a ajuda da bruxa Trud, que visitava frequentemente Syphax e Tus, conseguiram, esses três, inventar uma cerimônia que fazia referência à profecia, contendo ao mesmo tempo algo de místico que atuava sobre os sentidos. Importantes, naturalmente, eram as dançarinas. Todas pertenciam ao povo da Atlântida, havendo também entre elas até algumas filhas de druidas. Eram, sem exceção, belas e graciosas, e não era difícil ensinar-lhes "danças religiosas". Ainda mais que Tus explicara-lhes que em seu país, bem como em outros, era uma grande honra dançar para os deuses. Na Atlântida muita coisa se omitira a esse respeito, sendo essa a razão, segundo Tus, de o senhor dos mares ameaçar engolir o país. Dependeria agora das moças da terra conquistarem a benevolência dele com sua beleza e suas danças, e assim afastar por longo tempo a desgraça que ameaçava o país.

As moças, naturalmente, estavam dispostas a alegremente fazer tudo que lhes pedissem. Tornou-se difícil para elas somente quando souberam que nas danças deveriam apresentar-se seminuas. Mesmo porque seus pais observavam com desconfiança a estreita ligação delas com a costureira Tus e o príncipe estrangeiro Syphax. Também para isso ele achou uma saída. Explicou às moças que a dança, inicialmente, somente seria apresentada em recintos fechados, e que os espectadores seriam escolhidos cuidadosamente. Com essa explicação, todas se contentaram.

O "traje de sereias" consistia numa saia de linho presa na cintura com um cinto de corais, pérolas ou conchas, saia essa que caía até os pés. A parte superior do corpo apresentava-se nua, com exceção das escamas de peixes que cobriam parcialmente os seios das moças. A cabeça das dançarinas estava enfeitada com uma coroa de corais vermelhos. Os cabelos compridos pendiam soltos pelas costas. As saias eram tingidas de azul ou verde.

Além das sereias, encontrava-se presente nas cerimônias um homem vestido apenas com uma tanga. Simbolizava o senhor da Terra e carregava consigo um peixe, que as bruxas consideravam o símbolo da força de geração. O peixe era de madeira, enfeitado com plaquinhas de prata. Syphax havia escolhido um dos *nuades* para representar esse papel no palácio de Clusin. Para tal cerimônia necessitava-se ainda de um grande tanque com água. Esse tanque, que os quatro servos carregaram em seus búfalos, era pesado e largo, feito de barro azul.

A fim de aumentar o brilho da primeira festa desse tipo, Trud havia mandado para Syphax um saco com pó de ervas, acompanhado da seguinte explicação:

"Espalha um punhado desse pó sobre a brasa de um pequeno fogão! A fumaça resultante colocará todos os presentes num estado de delírio místico."

Syphax entendeu logo. Além do tanque cheio de água que estava no centro do salão, mandou colocar, lateralmente, dois pequenos fogões de pedra com brasa. Dois servos, então, espalhariam um pouco do pó sobre a brasa, obedecendo a um determinado sinal. Os dois outros servos tocariam tambores. Com compassos ritmados, acompanhariam nos pequenos instrumentos a dança das moças.

Quando tudo estava pronto, Syphax mandou chamar os poucos visitantes. Os dois druidas quase perderam o fôlego quando viram as moças seminuas, ajoelhadas num largo círculo ao redor do tanque de água e com os braços estendidos. O homem encostado à parede e vestido com a tanga somente despertou-lhes a atenção quando, algumas vezes, balançava o peixe que tinha na mão, apertando-o a seguir contra o peito. No mesmo momento rufavam os tambores, e as moças levantavam-se, dando voltas em redor do tanque de água em distâncias maiores e menores. O homem encostado à parede começou a entoar uma canção numa língua estrangeira que soava mais como um lamento. Simultaneamente, os homens acocorados ao lado dos fogões espalhavam pó na brasa. E a fumaça que se levantava, ao espalhar-se pelo salão, tinha, de fato, um efeito estranho.

Os tamborileiros começaram a pular de um lado para outro, batendo selvagemente nos seus instrumentos. Clusin começou a chorar. Gudrin cambaleou até o tanque de água e, mergulhando nele seus braços, com palavras desconexas, conjurou o senhor dos mares a respeitar o reino da terra... Três dançarinas abraçaram Syphax, tentando arrastá-lo com todas suas forças para o tanque de água. "Somos sereias! Somos sereias!" balbuciavam. Com o *nuad* não foi diferente. Caiu no chão com o peso das moças que nele se agarravam, ficando deitado como que desfalecido. Waida fugiu apavorada da sala. Não podia dizer por que se amedrontara tanto. Correu através do grande pátio até o pomar, onde caiu sem fôlego ao lado de uma árvore.

Siglin, a mulher de Clusin, encontrava-se no pomar quando a moça chegou correndo, completamente desnorteada, e caiu no chão. Contrastando com Clusin, Siglin venerava Gurnemanz. Sabia que ele tinha razão ao apressar o êxodo. Discórdia reinava em sua família, pois não somente Clusin, mas também seus filhos, Hetel e Con, sequer pensavam em deixar o país. Seus filhos corriam atrás de Syphax, que certamente estava ligado a Nyal.

— Vem minha filha!

Siglin ajudou Waida a levantar-se, conduzindo a moça em prantos para o refeitório ao lado da cozinha. Waida bebeu do vinho doce de frutinhas que Siglin lhe ofertou e pouco a pouco se acalmou.

— De repente eu tive a sensação de como se alguém quisesse arrastar-me para um lugar horrível… com força… nunca senti um medo tão pavoroso.

Siglin compreendeu. Ela também tinha agora frequentemente medo e o sentimento de como se algo horrível se aproximasse dela. Que seus filhos corressem atrás de Syphax, aceitando os ensinamentos dele como revelações, ela ainda podia compreender. Mas Clusin!… Ele era um druida… Sua palavra tinha peso perante o povo!… Também sempre havia agido certo… Mas agora, quando tinha de decidir, mostrava que não possuía nem sabedoria, nem conhecimentos ou outros valores quaisquer. Pois se assim não fosse, nem poderia ter-se aliado aos outros druidas infiéis.

— Ele, como primeiro druida, acolheu em nosso palácio a cria de Nyal! Isto eu nunca compreenderei! exclamou Siglin desesperada. Eu o abandonarei e a meus filhos e, quando chegar a hora, me unirei aos outros emigrantes.

— Com minha mãe dá-se o mesmo. Ela está sempre triste, chorando por causa do meu pai. Detesta as bruxas também. E proibiu-me de mandar Tus confeccionar meus vestidos. Ela gostaria de ir até Gurnemanz. Mas meu pai ameaçou-a de morte, caso ela realize esse desejo…

— Por que acompanhaste teu pai, se não concordas com as decisões dele? perguntou Siglin.

— Eu estava curiosa. Tus e Syphax diziam que nossa religião assemelhava-se a um fraco fogo de fogão em comparação com a deles, a qual era uma grande chama de sacrifício que alcançava o céu.

Waida sentia-se melhor depois desse desabafo. Despediu-se de Siglin. Seu pai prosseguiria viagem logo depois da cerimônia, visto querer visitar conhecidos que viviam no sexto distrito sulino. Siglin abraçou a moça, advertindo-a contra Syphax.

— Esse forasteiro goteja descontentamento nos corações de nossa juventude, instigando-a contra tudo o que é bom e belo.

Waida deu razão a Siglin.

— Syphax detesta mulheres! acrescentou ainda baixinho. Eu sei disso. Não compreendo, portanto, como ele ainda tolera dançarinas!

Waida naturalmente tinha razão. Syphax considerava as mulheres criaturas inferiores aos homens. Contudo, a cerimônia em "honra ao senhor dos mares" foi um total sucesso. Tus sabia o que estava fazendo. "Somente moças bonitas dão a uma festa o necessário brilho!" declarara. De início Syphax não compreendera por que ela se esforçava tanto em ensinar os necessários passos de dança apenas às moças. Por que não também aos moços?

Os dois druidas – no fundo tudo fora preparado para eles – ficaram muito impressionados com a "apresentação". Acharam a cerimônia solene, embora um pouco inusitada. Gudrin mal encontrava palavras para expressar seus elogios a Syphax.

— Quem, além de ti, teria a ideia de utilizar moças humanas para despertar a benevolência do senhor do mares! exclamou rindo.

— Sinto não ter convidado mais visitantes! disse Clusin. Imagino que rituais religiosos desse tipo devam atuar de forma muito mais atraente sobre o povo do que os nossos.

— A veneração dos deuses nas florestas cumpriu até agora sua finalidade. Mas estamos no início de uma nova época. Vosso sábio, Gurnemanz, deixará o país. O mesmo pretende o rei. Essa fuga, para mim, é incompreensível... se ao menos fugissem sozinhos... mas não... têm de amedrontar todo o povo! Que fujam! Então veneraremos nossos deuses em recintos fechados, e sacerdotes serão os nossos mediadores!

Os dois druidas concordaram com Syphax. Mas quando ele mencionou sacerdotes, Gudrin fez um gesto de recusa com a mão.

— Utilizais sacerdotes como mediadores! Pois bem, se forem realmente necessários mediadores, então esse direito somente compete a nós, os druidas. Sempre demos assistência ao povo com bons conselhos. Ele confia em nós...

— É até nosso o dever de assumir doravante a direção espiritual dos habitantes da Atlântida! Ninguém melhor do que nós conhece o caminho para as alturas espirituais!

Syphax mal podia sufocar um riso escarnecedor. Tus, que ficara calada atrás dos dois druidas, adiantou-se um passo e perguntou:

— Por que quereis ser apenas mediadores comuns? Já desde o nascimento fostes destinados a ser mais!

Os druidas e também Syphax olharam para ela sem compreender. Ninguém tinha ideia do que Tus queria dizer. Durante algum tempo ela não disse nada, meneando apenas a cabeça devido a tanta incompreensão.

— Podereis denominar-vos representantes de vosso "deus"! E em nome dele guiar o povo. Esse direito vos compete! exclamou Tus finalmente.

— Ainda temos tempo para decidir isso! disse Gudrin.

Clusin balançou a cabeça, concordando, e dirigiu-se a Syphax:

— No meu distrito tens caminho livre, príncipe! Isto significa que podes apresentar por toda a parte a cerimônia que acabamos de ver. E convida para isso o maior número possível de pessoas.

— Para esse tipo de cerimônia são necessários salões grandes! ponderou Syphax.

— Não poderiam ser apresentadas ao ar livre, nas praças de reuniões em volta dos tanques de água? perguntou Clusin.

— Naturalmente que podem! intercalou Tus rapidamente, vendo Syphax hesitar. Aliás, à noite, à luz de archotes! Vivenciei tais cerimônias! As danças das sacerdotisas pareciam exercer um efeito verdadeiramente mágico sobre os espectadores. Havia entre eles alguns que gritavam, riam e quase perdiam a consciência. Após isso, vinham espíritos do Além que nos falavam através deles…

Syphax, de repente, lembrou-se de sua mãe. Ele tinha aproximadamente dez anos quando a ouviu falar sobre a cerimônia que assistira na véspera.

"Um espírito aproximou-se de mim. Eu não podia mover-me nem falar. Apenas ouvir…"

"O que ouviste?" perguntou curiosa uma das mulheres, quando ela parou de falar.

"Adorais o malfeitor! O Criador está irado convosco… modificai-vos… senão a ira divina vos destruirá no final dos tempos!"

Syphax ficou algum tempo parado, absorto na recordação. Depois virou-se para Clusin e disse que as cerimônias em honra do senhor dos mares poderiam ser realizadas também ao ar livre, porém apenas à noite.

— Eu queria ouvir a opinião de um sábio druida e dirigente do povo. Por isso quis que a cerimônia em honra do senhor dos mares fosse apresentada em teu palácio e diante de teus olhos. E minha decisão estava certa! Tua visão ampla alcança longe, além dos mares. Contudo, é cedo demais para apresentar essa cerimônia em outro lugar. Terá ainda que ser aperfeiçoada. Somente estará completa quando não apenas um, mas sempre vários moços cooperarem.

— Moços? interrompeu Clusin as palavras de Syphax. Por quê? As moças proporcionam uma visão muito mais agradável!

— Certamente! Contudo, o homem é senhor na Terra! Só a ele foi transmitida a força de geração!

Os dois druidas ficaram tão surpresos com o que ouviram que de início nada responderam. Ambos tinham um sentimento desagradável que não podiam explicar. Finalmente Clusin animou-se e disse hesitante:

— Para dizer a verdade, tens razão. Nunca encarei nossa existência sob esse prisma.

— Pensai apenas mais profundamente e tereis de reconhecer que minhas afirmações estão certas!

Embora Syphax intimamente desprezasse os dois druidas, estava orgulhoso de tê-los trazido tão rapidamente para seu lado. No início eles haviam-lhe inspirado um certo temor, por isso estava duplamente orgulhoso de tê-los dissuadido tão facilmente.

Não sabia que a metade dos druidas, já antes de sua chegada, havia enveredado espiritualmente por um caminho que tinha de levar a um destino errado. E que por esse motivo eram suscetíveis a todas as doutrinas falsas.

Ainda se falou sobre diversos assuntos; depois Syphax despediu-se. Vaidoso e presunçoso devido ao sucesso, saiu cavalgando. Tus e as dançarinas, que com ele faziam a viagem de volta, estavam como que embriagadas com seu êxito. Todas haviam visto nos olhos serenos dos druidas, outrora tão inatingíveis, que sua dança agradara-os muito.

— Eu não compreendo o que se passa com esses druidas! Antigamente não nos era permitido descobrir sequer os nossos braços! ponderou uma das moças, pensativamente.

— Eles viram sereias em vós, e não mulheres humanas! Essa é a única explicação! respondeu Tus. A "dança do deus do mar" será apresentada em todo o país! Por toda parte se formarão grupos muito maiores do que o nosso... homens e moças atuarão em conjunto, e o rufar de muitos tambores acompanhará nossas danças...

Tus tinha razão. As novas "cerimônias religiosas" foram, no decorrer do tempo, apresentadas por toda parte. Mesmo nos distritos governados por druidas fiéis à Luz. O mais amargo para esses druidas era que nada podiam fazer contra isso, visto que seus próprios filhos e filhas, aliás todos jovens, concordavam parcialmente com a nova situação. Por toda parte surgiram inimizades, mesmo entre os jovens que, quando crianças, juntos haviam corrido pelos prados e pelas florestas com seus lobos...

Syphax morava agora numa grande casa própria no distrito real. A família que ali havia habitado a abandonara para ir até Gurnemanz. Ficava cerca de uma hora de distância do castelo real. Logo que chegou, foi recebido por um grupo de moços que já o esperavam impacientemente. Com alegria Syphax viu os fardos com as grandes figuras de madeira depositados no pátio. Não respondeu a nenhuma das muitas perguntas, mas começou, imediatamente, a desembrulhar os fardos com a ajuda dos outros. Eram quatro figuras masculinas nuas, cuidadosamente entalhadas, tendo dois metros de altura e pés excessivamente grandes. Syphax logo colocou em pé uma delas, contemplando-a perscrutadoramente por todos os lados. Estava contente com o trabalho. Não parecia notar os olhares surpresos dos outros.

— Pouco a pouco mandarei colocar figuras de homens em todo o país. Em madeira e em pedra! Todos deverão se conscientizar de que apenas homens possuem direitos de dominar!

Ele não deu atenção às exclamações de surpresa e admiração, e rapidamente continuou a falar.

Olhai para os grossos troncos de árvore que suportam o telhado desse terraço. Deveriam ser cobertos com desenhos... ou melhor ainda... mandarei vir os melhores entalhadores de madeira para que transformem esses troncos nus em figuras humanas. Naturalmente em figuras masculinas! Por toda parte nossa força e inteligência devem evidenciar-se e ser reconhecidas!

— Estou orgulhoso de ser teu aluno! Pois somente tu fizeste de mim um homem! exclamou Wate. Antigamente eu sonhava voar nos dragões, mas agora meus sonhos vão mais alto!

— Todas as estátuas devem parecer contigo! disse um dos homens que tinha uma grande habilidade em entalhar madeira.

Syphax recusou.

— Não penseis apenas em mim. As estátuas precisam ter muitos rostos, conforme a região onde serão colocadas!

Depois interrompeu seus "alunos", que tagarelavam ao redor dele e das figuras de madeira. Convidou-os para sentarem junto dele no terraço, a fim de contar-lhes sobre a viagem.

Mal estavam acomodados nos bancos de vime encostados nas paredes, quando três moças apareceram na varanda. Colocaram jarros e bandejas com canecas de estanho numa mesa, enchendo-as com vinho de mel.

Uma das moças era Shevaun. Vestia um comprido vestido branco sem mangas, e os cabelos estavam enfeitados com flores. Syphax não entendia a presença dela. A última vez que lhe falara, Shevaun havia-o rechaçado friamente. Syphax levantou-se, olhou-a ironicamente e disse:

— O que estás procurando, não encontrarás aqui!

Ao falar, agarrou-a brutalmente pelos braços, puxando-a para si. Shevaun olhou-o sem o mínimo medo ou embaraço.

— Talvez eu procure por ti! respondeu indiferentemente.

Syphax soltou os braços dela, empurrando-a para longe. Tomou a caneca da mão de uma das outras moças e acomodou-se novamente no banco. Seus "alunos" olharam-no amedrontados, ao verem como havia tratado tão grosseiramente a encantadora moça. E até filha de um druida ela era.

— Não vos preocupeis! disse Syphax, sabendo exatamente o que se passava com eles. Melhor será aprender comigo como se deve tratar as mulheres, para que elas corram atrás de nós como animais dóceis, servindo-nos!

— Eu nunca ousaria dar um empurrão numa mulher!…

— Tu e todos vós tereis de aprender isso, se quiserdes ocupar o lugar que vos compete! disse Syphax, antes que algum outro pudesse objetar algo. Vamos falar agora da minha viagem. Deveríeis ter visto com que prazer os druidas, em geral tão inacessíveis, contemplavam as dançarinas! E com que cobiça seus olhos brilhavam, quando a fumaça das bruxas erguia-se da brasa, espalhando-se no salão! Brevemente sentireis o efeito dessa fumaça em vossos corpos. Pois mandarei apresentar-vos a mesma cerimônia. Sob a luz do luar... no grande pátio há espaço suficiente.

— De onde vem a fumaça? perguntou Wate interessado.

— De uma pequena planta que é secada e transformada em pó. A bruxa Trud mandou-me uma grande quantidade dessa planta. Também para o futuro ela cuidará que isso nunca falte. Pois a fumaça desencadeia o necessário "êxtase religioso"!

Alguns dias mais tarde, foi apresentada à noite no grande pátio, sob a luz de archotes, a cerimônia em honra do senhor dos mares. Syphax não perdera tempo, pois queria saber o mais depressa possível como os moços reagiriam à fumaça. Tal festa "religiosa" superou em muito todas as suas expectativas. Vinte moços, Shevaun e as duas outras moças participaram também. Quando o pó foi espalhado sobre a brasa, o que ocorreu no final da dança, procedeu-se uma transformação nos espectadores. Tornaram-se incontroláveis, perdendo qualquer senso de pudor. A consequência disso foi que a festa em honra do senhor dos mares se degenerou numa orgia indescritível.

Mesmo Syphax não pôde excluir-se do efeito. Só que, em relação a ele, a fumaça embriagadora atuou de modo diferente. Foi tomado de raiva cega, sim, de vontade de matar até. Felizmente não perdeu completamente o autocontrole, do contrário teria estrangulado Shevaun. Suas mãos já estavam envolvendo o pescoço dela.

Em anos posteriores, nessas apresentações religiosas noturnas, que contavam frequentemente com mais de cem dançarinas, foram muitas vezes cometidos assassinatos. No dia seguinte nenhum dos envolvidos lembrava-se do que havia feito sob a embriaguez da fumaça entorpecente da bruxa.

AS NOVAS concepções e rituais religiosos eram nocivos em todos os sentidos. Mesmo do ponto de vista terreno, os adeptos tiveram pouca satisfação. As pessoas, outrora tão orgulhosas e fortes, tornaram-se indolentes. Nunca houve no reino da Atlântida seres humanos preguiçosos. Agora, porém, muitos deles descuidavam de suas lavouras, colhendo muito menos do que necessitavam para seu sustento. Em consequência disso, precisavam trabalhar para outros que se encontravam em melhor situação, apenas em troca de comida. Tornaram-se escravos de sua própria indolência.

Nasceram muito mais crianças. E muitas delas apresentavam defeitos físicos. No início, todas as dançarinas eram moças descendentes de famílias diligentes e honradas. Ao notar que estavam grávidas, muitas destas cometiam o suicídio. Eram atos de desespero praticados principalmente por aquelas que se achavam às vésperas do casamento e temiam ser mortas pelo homem a quem queriam unir-se. O medo delas não era sem fundamento, pois todos os homens que aceitavam os ensinamentos de Syphax, no que dizia respeito à própria grandeza, tornavam-se brutais, tratando as mulheres de modo correspondente.

As bruxas, naturalmente, eram contra os suicídios, pois esses tinham um efeito assustador. Também eram contra os assassinatos. Não podiam, porém, ajudar os homens sanguinários, nem queriam fazê-lo. Mas quando as dançarinas dirigiam-se a elas, sempre as ajudavam. Ajudavam-nas com infusões de cascas e ervas, que as libertavam da gravidez indesejada. Esses abortos geralmente deixavam sequelas, das quais as moças nunca mais se refaziam completamente.

Enquanto Syphax e seus adeptos difundiam doutrinas erradas e introduziam cerimônias religiosas imorais, conduzindo todos para labirintos sem saída, as pessoas bem-intencionadas e fiéis à Luz não permaneciam inativas. Percorriam todo o país, esforçando-se em fazer as pessoas compreenderem que todas as assim denominadas "doutrinas" e "cerimônias" continham a mentira, cujo único objetivo era lançar o povo na desgraça…

Entre essas pessoas encontravam-se Witu, Modred, Seyfrid, Brunhild, Sigebrant, Moran, Gundhar, sua mulher Tusneld e ainda vários outros. Todos estavam deprimidos e apavorados com a depravação espiritual e terrenal com que se deparavam nos distritos governados por druidas infiéis e arbitrários.

— E isso no decorrer dos poucos anos que se passaram desde a anunciação do afundamento do país! exclamou Witu quase desesperado.

Porém, o que mais entristecia esse pequeno grupo era o fato de o mal também haver-se infiltrado em distritos governados por druidas bem-intencionados.

— Como me alegro por Gulvein e Alard já terem ido embora! disse Seyfrid.

— E toda a tribo seguiu-os de boa vontade! acrescentou Modred.

Também Gurnemanz fez ainda uma última tentativa para mudar a opinião dos druidas infiéis. Com esse objetivo cavalgou até Wulthus, propondo-lhe que convidasse os druidas que pensavam como ele, para que ainda uma vez trocassem ideias. Wulthus, porém, recusou tal proposta com a argumentação de que seria inútil chamar os outros, pois de qualquer forma não viriam.

— Sabemos o que temos de fazer! E não deixaremos o país nenhum dia antes do absolutamente necessário! Mas de bom grado estou disposto a ouvir-te. De tua sabedoria nunca duvidei.

Apesar do tom presunçoso com que Wulthus falara, Gurnemanz aceitou o convite, seguindo o druida até o salão de recepção onde se acomodou num banco. Quando haviam tomado do vinho que Wulthus mandara trazer, Gurnemanz perguntou:

— Já tentaste alguma vez entrar em contato com o senhor dos mares?

— Não, naturalmente que não. Entre a espécie dele e a nossa não há, evidentemente, nenhuma ligação! respondeu Wulthus admirado.

— Será que teus correligionários pensam da mesma forma que tu? continuou Gurnemanz perguntando.

— Estou convicto de que pensam de modo idêntico a mim. Ninguém sabe o aspecto dele, pois ninguém jamais o viu. Sabes, tão bem quanto eu, que apenas conhecemos cavalos-marinhos e sereias. E nem com esses podemos fazer-nos compreender. Tuas perguntas, sábio Gurnemanz, soam de modo estranho.

— Pode ser. Mas tuas respostas foram claras e inequívocas. Tem ainda um pouco de paciência e responde-me mais uma pergunta. Achas que homens nus e mulheres sem pudor, movimentando-se em volta de um tanque com água, podem conseguir qualquer ligação com o senhor dos mares?

— Ah! É isso que te preocupa, disse Wulthus tranquilizando-se. Uma invenção das bruxas. O povo gosta de tais apresentações… e, antes de tudo, seus pensamentos são dessa forma desviados da profecia.

— Conduzis, portanto, a vida de muitos para uma direção errada! E, uma vez que estais no meio disso, isso equivale a uma autodestruição… Aparentemente, vós, druidas, esquecestes também que nosso comportamento atual é determinante para todas as vidas terrenas posteriores!

Wulthus ficou calado. Seu rosto, de repente, parecia uma máscara. Era um silêncio agressivo, pior do que palavras maldosas. Gurnemanz levantou-se e deixou, calado, o salão. Qualquer palavra adicional teria sido apenas um desperdício inútil.

NO DECORRER dos primeiros dez anos o povo da Atlântida recebeu as mais variadas advertências e sinais dos entes da natureza, que indicavam as alterações e impeliam o povo a sair do país. Certa ocasião, por exemplo, uma tribo inteira foi obrigada a abandonar a região onde já seus antepassados haviam morado em casas construídas pelos gigantes. Essa região, pertencente ainda ao distrito do druida Gudrin, situava-se aproximadamente a dez milhas de distância de uma das maiores cavernas de estalactites do país.

Nessas cavernas viviam muitos animais. Ali ainda existiam também "monstros", originários dos tempos passados. Nenhum dos muitos animais jamais se aproximava dos seres humanos. Também os morcegos e lagartos voadores que ali viviam e saíam à noite, devorando milhões de mariposas, besouros e insetos de toda a espécie, não chegavam às proximidades da povoação.

O povo sabia que nas cavernas viviam monstros que nunca haviam visto a luz do dia. Esse saber originava-se ainda de alguns antepassados, que se haviam ocupado mais intensamente com as cavernas. Contudo, de modo inesperado, esses animais vieram para a luz do dia… Quem primeiro os viu foi Uthers, o cantor. Ele subia toda manhã numa colina, entoando algumas canções alegres em saudação ao novo dia.

"Os monstros das cavernas vieram para nos expulsar!" foi o seu primeiro pensamento ao avistá-los...

Esses animais tinham uma pele escamosa de cor cinza-esbranquiçada, possuindo cerca de dez metros de comprimento e um metro de altura. Pareciam lagartas, movimentando-se também como elas. Tinham um enorme bico semelhante ao da coruja e um chifre na cabeça. Seus grandes olhos, igualmente cinza-esbranquiçados, situavam-se bem no fundo das órbitas. Esses animais, nove ao todo, rastejavam pelos campos que circundavam o povoado e nem tomaram conhecimento dos seres humanos que os rodeavam.

— Destruirão a nova semeadura dos nossos campos! disse uma das mulheres pesarosamente.

Os que a rodeavam, deram-lhe razão. Sabiam que os animais nunca mais achariam o caminho de volta para as cavernas. Todos os moradores do povoado sentiam o mesmo que Uthers havia experimentado ao avistá-los.

"Os animais vieram para nos expulsar!"

"Devem ter sido gnomos que os guiaram até nós. Isso, decerto, demorou vários dias e noites... Os gnomos sabem de tudo que se passa dentro da terra... Chegou a hora em que temos de deixar o país..."

Não passou muito tempo e todos se colocaram em retirada, com búfalos carregados pesadamente. As crianças pequenas ficavam sentadas ou deitadas em cestas compridas, especialmente trançadas, que pendiam em ambos os lados dos búfalos. As maiores montavam seus cervos domesticados...

O druida não gostou nada ao ver os novos emigrantes e, ao contrário do que estes esperavam, não os encorajou a se apressarem na partida.

— Ainda passará muito tempo até que a profecia se realize. Eu e os meus não temos pressa em deixar nossa pátria! disse ele.

— Mas, e os monstros? Não foi por iniciativa própria que se afastaram tanto de suas cavernas! ousou Uthers objetar.

— Se os tivésseis matado e enterrado, vossos campos teriam sido poupados e não teríeis necessidade de abandonar vosso povoado.

Os homens que estavam ao lado de Uthers pensavam não ter ouvido direito. "Matar? Por quê? Será que o druida não compreendia que entes bons haviam-lhes mandado um aviso através dos animais?…" O próprio Uthers mal havia percebido o que o druida falara. Apenas viu as sombras, sombras grandes com caras atemorizantes, que se movimentavam de um lado para outro, junto de Gudrin.

"Temos de seguir viagem o mais depressa possível… esse homem é mau!" pensou Uthers, quando se refez um pouco daquela visão.

Gudrin, no entanto, não tinha intenção de deixá-los seguir tão cedo, pois exatamente essas pessoas colhiam os melhores cereais em todo o distrito. Muitas vezes mandaram-lhe alguns cestos cheios de suas sobras.

— Vós me prestaríeis um favor, se ainda quisésseis ficar algum tempo no país… Por toda parte temos tido colheitas ruins… os campos, provavelmente, foram mal preparados ou negligenciados… Quero dar-vos boas terras de cultivo, para que os habitantes de minha cidade possam aprender convosco… Nos arredores existem algumas casas grandes e outras menores… elas poderiam servir-vos, por enquanto, como abrigo… Não vos faltarão alimentos… Pensai sobre isso e falai com os vossos…

Não havia muito o que pensar. Uthers era contra o plano do druida. Não mencionou a visão, pois isso nunca fazia, mas sabia que desse homem nada de bom lhes poderia advir. Não deu atenção às objeções de outros quando afirmaram que o druida necessitava de ajuda. Sua resolução era definitiva. Queria prosseguir viagem imediatamente.

Por fim a metade decidiu ficar, enquanto os demais continuaram sua viagem para o norte, sob a orientação de Uthers. Os que permaneceram, confiaram totalmente no druida. Enquanto ele não fosse embora, nada tinham a temer. Sem que percebessem, seu horizonte espiritual estreitou-se, e terrenamente nada mais eram do que escravos que trabalhavam para o druida e para alguns outros, em troca de comida e roupas. Mesmo quando souberam que a filha do druida, seu genro e com eles alguns outros, já há meses, haviam deixado o país, nada se alterou em seu comportamento. Confiavam no druida, como sempre haviam feito…

ENQUANTO Brunhild viajava com seus pais por todo o país, Liasse ficou no castelo real sob os cuidados de Güiniver. A criança nesse meio tempo atingira a idade de sete anos. Era alta, robusta e muito ativa para a sua idade. Quando Syphax mudou-se, quis levá-la consigo, mas Liasse recusou-se desesperadamente. Havia amado seu pai acima de tudo, mas desde que ele matara o lobo que a acompanhava, passou a temê-lo. Apesar de sua resistência, Syphax a teria levado consigo. Amava sua filha e não queria deixá-la nas mãos de seus "inimigos" no castelo. Somente quando Liasse desmaiou, Syphax ficou com medo e saiu sozinho.

Sabia que ela, bem como os outros moradores do castelo, nunca lhe haviam perdoado pela morte do lobo. Mas desde o início odiara e temera esses animais, e quando um dia viu o lobo deitado sobre sua filha…

Liasse tinha cerca de três anos quando um jovem lobo tornou-se seu protetor. Estava dormindo, deitada em sua cama de vime sob uma árvore, com Uwid sentada ao seu lado, trabalhando num tapete de lã. O lobo entrou tão silenciosamente no pátio, que Uwid somente o viu quando ele já estava ao seu lado, lambendo seus pés. Alegre, ela passou as mãos várias vezes sobre a cabeça dele, dando-lhe boas-vindas. Feliz por ter sido aceito, o lobo correu repetidas vezes em volta da cadeira de Uwid, deitando-se a seguir ao lado da cama da criança. Uwid agradeceu em silêncio aos entes bondosos que haviam mandado o animal. A guarda da criança, doravante, seria mais fácil…

Da mesma forma que seu pai, Liasse tinha predileção pelo mar. Brincava de preferência com conchas, areia e pequenas ondas que se infiltravam entre as pedras na praia. Desde que sua mãe, carregando-a, descera pelos degraus íngremes que conduziam para a praia, Liasse queria ser levada até lá todos os dias. A praia, com suas pedras coloridas, conchas e os muitos pássaros que ciscavam por ali, era um lugar insuperável para brincar. Não, porém, para seus acompanhantes, que sempre tinham muito a fazer e não podiam ficar ali horas a fio como a criança queria. Não se podia também deixá-la sozinha. Sempre havia o perigo de que ela corresse para a água ou que os pássaros a ferissem com seus bicos pontiagudos, pois Liasse pegava-os frequentemente, apertando-os contra si afetuosamente...

O alívio de Uwid, ao ver o lobo, era compreensível. Com o animal como protetor podia-se, despreocupadamente, deixar a criança brincar mais tempo na praia, sem que ninguém precisasse estar presente.

Liasse, desde o início, afeiçoou-se com todo carinho ao animal, chamando-o de "Li". Quando Syphax chegava, o que raras vezes acontecia, o lobo se escondia. Seu instinto infalível fazia com que evitasse aquele homem. O estranho era que Liasse nunca mencionava Li perante seu pai, nem o procurava quando este estava presente.

Syphax viajava muito. Visitava os druidas que estavam do seu lado, organizava "cerimônias religiosas" e doutrinava os homens que sempre o procuravam onde quer que chegasse. Ultimamente vinham não somente jovens, mas também homens mais velhos. Agradavam-lhes suas explicações sobre a posição predominante do homem. Além disso, ele não levava a sério a profecia. Pensavam que um homem tão inteligente como Syphax certamente já teria deixado o país se realmente existisse algum perigo. Esforçavam-se em imitá-lo, apesar de a lembrança da profecia sempre pairar como uma sombra sobre eles...

Depois de cada viagem, que em geral durava muitos meses, Syphax visitava sua filha. Quando certo dia chegou ao castelo – na hora em que as mulheres encontravam-se na casa da cozinha – ele procurou Liasse em vão. Olhou para dentro da cozinha e viu Uwid, Modred e Brunhild. As mulheres estavam tão ocupadas que nem o perceberam. Visitantes estavam sendo esperados, e havia assim muito o que fazer.

Quando, indeciso, olhou em volta de si, viu aproximar-se uma mulher com uma cesta cheia de ovos que eram necessários na cozinha. Ele a deteve, perguntando se havia visto Liasse.

— Ela está na praia! respondeu a mulher e continuou andando.

"Na praia?" Syphax virou-se e seguiu rapidamente pelo caminho que conduzia à praia.

Güiniver viu-o, assustando-se. Liasse estava sozinha com seu companheiro, o lobo, na praia... Que aconteceria se ele visse o animal? Ela correu atrás dele o mais depressa que pôde. Ao chegar à muralha da praia, olhou para baixo e o avistou correndo. Güiniver procurou localizar Liasse. Quase desmaiou ao ver a criança, ou melhor, o braço dela estendido sobre as pedras perto da água. O lobo estava deitado sobre ela, de modo a cobri-la quase totalmente.

"A criança corre perigo, e o animal a protege com o seu próprio corpo!" foi o único pensamento que pôde formular, correndo imediatamente pelos degraus que desciam até a praia... "De onde vinha o perigo?... Não podiam ser os pássaros..."

Cego de raiva e já com uma grande pedra na mão, Syphax havia-se aproximado do lobo. Güiniver queria gritar, mas não lhe saía nenhum som. A pedra... Syphax mataria o animal... ele não gostava de nenhum animal... por isso tinha medo deles. E Güiniver tinha razão. Syphax golpeou-o. Já com o primeiro golpe na nuca ele matou o animal. Em sua raiva cega quase feriu a criança.

Jogou fora a pedra ensanguentada e no mesmo momento deu um grito, procurando logo uma outra a fim de matar o caranguejo gigante, cujos tentáculos prendiam dolorosamente seu pé.

Para Liasse nada acontecera. Ela lançou-se sobre o corpo ainda em convulsão de seu querido lobo, chorando desesperadamente. Güiniver levantou a criança. Tinham de sair dali. Ela viu que um número cada vez maior de caranguejos saía da água, rastejando sobre as pedras. Não somente os tentáculos, mas os corpos desses animais eram todos cobertos de longos espinhos... Liasse não queria abandonar seu lobo.

— Os caranguejos o morderão! Ajuda-me a arrastá-lo daqui! disse Güiniver, também chorando.

Isso ajudou. Liasse levantou-se, e com forças reunidas, ambas puxaram o animal morto para longe da água. Sem fôlego, em consequência do esforço, sentaram-se ao lado dele.

— Vem, vamos erguer um muro em volta dele.

Güiniver começou a amontoar pedras em redor do lobo. Somente após fazer isso, a criança lembrou-se do pai. Syphax estava sentado no chão, extraindo cuidadosamente os espinhos do pé. O solo em seu redor estava vermelho com o sangue que escorria de suas feridas. Ele gemia de dor e, ao levantar-se, cambaleava tanto, que Güiniver teve de segurá-lo, senão teria caído.

Liasse estava diante dele. Não chorava mais. Quando isso aconteceu, estava com seis anos de idade. Mas a dor pelo seu companheiro morto fazia com que parecesse muito mais velha.

— Tu és um homem mau!

Foi a única coisa que disse. A seguir virou-se e saiu correndo. Recusou-se a ver o pai, apesar de ele ter ficado acamado durante três meses numa das casas de hóspedes do castelo, devido ao grave envenenamento. Syphax emagreceu até tornar-se um esqueleto. Mas as infusões de ervas que Tus lhe dera, salvaram-no da morte.

Liasse ficou inconsolável com a perda do seu companheiro. Quase não brincava mais; sentava-se frequentemente, com rosto apático, na varanda onde vira o lobo pela primeira vez. Recusava também decididamente qualquer outro animal que Seyfrid ou Witu lhe oferecessem. Não havia nenhum substituto para Li, dizia ela…

Até então Liasse havia evitado a praia. Um dia, porém, pediu a Güiniver que a acompanhasse até lá. Queria ver, ainda uma vez, o lugar onde Li morrera por ela.

— Ele queria salvar-me dos espinhos dos caranguejos! disse soluçando. O homem mau teve de sentir os espinhos destinados a mim…

Entristecida, Liasse olhou em redor. Nada… nem o muro de pedras se via mais.

— Mandamos enterrar teu companheiro. Aqui não encontrarás mais nenhum vestígio dele. As ondas do mar arrebentam agora frequentemente contra a muralha. Aqui ela já ruiu!

— Mas Li está aqui, sim! exclamou Liasse de repente, com os olhos cheios de lágrimas. Agora mesmo senti seu focinho na minha mão!

— Já havia pensado que ele deveria estar próximo de ti. Pois te amava. Mas não sabia que podias sentir sua presença. Li continua vivendo, como nós também continuaremos a viver depois de nossa morte. Pois já vivíamos antes de nascer na Terra… provavelmente outrora éramos mais bonitos…

A partir desse dia Liasse começou a reviver. A tristeza saudosa abandonou-a. Ficou apenas alegria. Alegria de não estar sozinha.

— Não posso vê-lo, mas em compensação ele muitas vezes me faz sentir a sua presença. Sua língua continua tão áspera, exatamente como antes…

Güiniver, que via muitas coisas que permaneciam ocultas a outros, percebia, desde então, às vezes o lobo ao lado da criança. Seu pelo na nuca parecia tingido de vermelho. Era o lugar onde a pedra o havia atingido…

O REI Witu e os seus voltaram da viagem. Por toda a parte onde haviam passado, avisaram as pessoas, pela última vez, da necessidade de abandonarem quanto antes o país. Ao mesmo tempo despediram-se, pois a família real tinha a intenção de deixar o país o mais depressa possível. Durante a viagem Witu soubera das dificuldades enfrentadas por aqueles que queriam partir. Por exemplo, havia ali um casal com duas filhas casadas e quatro crianças. Os dois genros recusavam-se decididamente a sair, ameaçando as mulheres de tirar-lhes as crianças. O que então restava às mães das crianças, ainda pequenas, era apenas ficar…

"Quem sabe com quantas famílias se passa o mesmo?" pensou Uwid. Com preocupação no coração, ela se recordava de Syphax.

— Provavelmente a situação chegará a tal ponto que muitos, desejosos de sair, terão de fugir sorrateiramente na calada da noite! disse Modred.

E ela tinha razão. Em anos posteriores, muitos que queriam deixar o país tiveram de fugir à noite.

Witu decidiu voar mais uma vez até Gurnemanz. Tinha de ajudar as pessoas que queriam sair e não podiam. Gurnemanz talvez tivesse um conselho a respeito…

Seyfrid, que já havia feito muitas vezes voos com seu querido dragão, resolveu, durante a ausência de Witu, fazer com que um grupo de meninos travasse conhecimento com dragões sem dono. Desde muito os meninos pediam-lhe isso. Até então ele se recusara a satisfazer os pedidos, considerando que em breve teriam de deixar o país junto com seus pais. Os dragões, então, pouco lhes adiantariam. Agora era de opinião diferente. Os dragões, mais tarde, poderiam ser a salvação deles, caso seus pais se recusassem a sair, ou então fossem impedidos de fazê-lo.

Assim, cavalgava diariamente com um grupo de meninos até as colinas, onde ainda havia muitos dragões, e onde Seyfrid também encontrara o seu. Os dragões que habitavam as cavernas no monte dos dragões, situado em outro distrito, já há tempos haviam abandonado o país, não mais retornando. Os que moravam nas colinas ficaram. Os meninos, portanto, tinham esperanças de adquirir a benevolência deles...

Uwid e Modred, bem como Brunhild e até a menina Liasse, estavam muito oprimidas desde a saída do rei. Se o motivo do voo até Gurnemanz não fosse a salvação de outros, Uwid teria lhe pedido que não voasse.

Certo dia, pela manhã, quando todos estavam reunidos na cozinha, Uwid disse tristemente:

— Witu não mais voltará para nós. O espírito dele apareceu-me à noite, acenando-me e despedindo-se, como sempre fazia ao iniciar uma viagem mais longa.

Güiniver e Liasse começaram a chorar.

— Voarei até Gurnemanz. Dentro de poucos dias estarei de volta, então saberemos exatamente o que aconteceu! disse Seyfrid.

Güiniver, que vivia desde algum tempo no castelo como mulher de Seyfrid, sentiu o coração palpitar e estava prestes a desmaiar com a decisão de Seyfrid. Contudo, como poderia detê-lo, uma vez que sairia à procura de seu pai?...

Seyfrid resolveu voar já na manhã seguinte. Sua mãe, Güiniver e Liasse, bem como alguns meninos, cavalgaram com ele até o "campo de voo". Era interessante observar como os dragões moviam as asas para cima e para baixo antes de cada voo, assim como se quisessem testar sua capacidade de voar. Güiniver ficou apavorada ao ver o dragão que Seyfrid conduzia para o campo, vagarosamente, com uma rédea comprida. Quando levantou voo, ela fechou os olhos, caindo ao chão. Uwid, Liasse e os meninos acompanharam-no com o olhar, enquanto puderam vê-lo. Güiniver queria levantar-se, contudo, véus cinzentos turvaram seu olhar, e o chão parecia balançar... Quando os outros, finalmente, olharam para ela, já estava morrendo...

Seyfrid ficou como que petrificado de dor quando, ao regressar, encontrou morta a sua encantadora e jovem mulher. Também Liasse estava inconsolável. Recusava a comida e queria morrer. Seyfrid era o único capaz de consolá-la.

— Güiniver vive agora num outro país! explicou-lhe com amor. Nós tornaremos a vê-la quando o tempo para isso chegar.

Seyfrid esteve fora somente quatro dias. Durante esse tempo, viera um mensageiro de Gurnemanz para narrar a Uwid o que havia acontecido.

Witu tinha sido raptado por seu dragão. E culpado disso fora o dragão de Gurnemanz.

— Esse dragão estava muito inquieto ultimamente. Fazia voos curtos, porém voltava sempre! contou o mensageiro. Gurnemanz havia percebido sua inquietação, razão pela qual não mais voava com ele. Quando o rei Witu subiu no seu dragão para voar para casa, o dragão de Gurnemanz também levantou voo numa direção onde não se encontrava nem a pátria antiga nem a nova. O rei tentou desviar seu dragão, que voava atrás do outro, para uma outra direção... Podia-se notar nitidamente como ele tentava puxar as rédeas... tudo, porém, em vão...

Uwid e os seus não puderam entregar-se à tristeza por muito tempo. Uma ameaça indefinível pairava no ar, sentida por todos como um fardo.

— Precisa-se agora de coragem e força para viver! disse Seyfrid oprimido.

E precisariam mesmo de coragem no tempo vindouro. Pois Syphax apareceu no castelo. Chegou ao anoitecer quando toda a família estava reunida no salão de trabalho. Ele usava sobre sua roupa preta um escudo prateado, onde estava fixada uma estrela de pedras vermelhas com seis pontas. Ao lado pendia uma espada, e a cabeça estava coberta por um elmo alto. Algo violento emanava dele, enquanto os olhava. Liasse começou a tremer de medo.

"Temos de nos modificar, para não nos assustarmos tão facilmente!" pensou Uwid.

Mas como esse homem havia-se modificado nesses poucos anos! Apesar de seus triunfos, tinha um aspecto envelhecido, estava magro e amargurado.

— Nós nos preparamos para deixar o país. Então poderás mudar-te para o castelo! disse Uwid.

Ao pronunciar isso, ela postara-se diante dele com uma dignidade inimitável.

— Quanto mais cedo deixardes o país, tanto melhor para mim. Até lá podeis mudar para uma das casas de hóspedes. No castelo há lugar somente para mim e minha filha!

Liasse deu um grito, agarrando-se a Seyfrid.

— Liasse ficará aqui! continuou Syphax com mal dominada raiva. Podeis sair… mas sem ela!

Ele olhou para a criança com uma expressão indefinível nos olhos. O fato de Liasse ter medo dele, doía-lhe como uma ferida ruim.

Syphax deixou o castelo. Havia saído, contudo seus pensamentos, seu ódio e talvez também seu medo escondido, ficaram. Sombras vagavam para cima e para baixo. Formavam-se e desfaziam-se, mas todas tinham rostos que, apesar de suas desfigurações, se pareciam com Syphax.

— Temos de guardar o cálice sagrado! interrompeu Brunhild o silêncio sinistro na sala. Talvez já amanhã ele se instale no castelo!

— Brunhild tem razão! disse Seyfrid. O Salão Real será a primeira coisa de que se apossará!

Enquanto os outros falavam, Uwid procurava, em pensamentos, por um esconderijo. Sem Liasse, não poderiam sair; não fosse isso, eles levariam consigo o cálice, como estava previsto, para a nova pátria.

— Não há nenhum esconderijo que esse homem não encontre! exclamou Brunhild, chorando.

— Esse esconderijo existe. Acalma-te e tem confiança.

Todos olhavam para Uwid que havia falado tão calma e decididamente.

— Onde, mãe? Onde? insistiu Seyfrid.

— Na caverna do dragão de teu pai! Atrás se encontra outra caverna menor... Witu falou dela uma vez.

Naturalmente! Dentro da caverna dos dragões. Syphax tinha medo desses animais.

Ainda na mesma noite embrulharam o pesado cálice e o colocaram numa cesta. Cobriram a cesta com flores secas e musgo, e a seguir Seyfrid saiu carregando-a. O caminho até a caverna do dragão de seu pai era longo, não obstante ele foi a pé, uma vez que um pedestre chamaria menos a atenção do que um cavaleiro. Syphax, mui provavelmente, agora já mandara vigiar o castelo...

— Vontade assassina chamejava nos olhos de Syphax, ao ver como sua filha agarrava-se a Seyfrid... Seyfrid corre perigo, mãe! Ele não pode ficar aqui! disse Brunhild.

Uwid deu-lhe razão. Havia sentido intuitivamente o mesmo. Gundhar e Tusneld chegaram ao castelo, a fim de falar com a família real sobre seus planos. Ambos souberam, através de seu filho Hagen, que Syphax nunca se separaria de sua filha.

— Sem Liasse não podemos deixar o país! disse Uwid serenamente, antes que o druida pudesse continuar falando. Mas estou convicta de que encontraremos uma saída. Não vos deixeis deter por nossa causa. Quanto mais cedo partirdes, tanto melhor será.

— Deixaremos o país junto com um grande grupo. Tudo já está pronto! disse Gundhar.

— Não vejo a hora de esse momento chegar! acrescentou Tusneld. Por toda parte encontram-se tristeza, revolta, inimizade e desconfiança! Nosso orgulhoso povo... não compreendo essa transformação...

— Esqueces que bruxas governam nosso país! objetou Modred.

— Seyfrid terá de sair daqui o mais depressa possível! disse Gundhar preocupado. Syphax planeja contra a vida dele. Dentro de poucos dias, todo meu palácio estará à disposição dele. Mas não devemos esquecer Hagen. Ele, aliás, sempre permanece pouco no palácio... mas tão logo tivermos saído, isso decerto mudará.

— O malfeitor que planeja contra a vida de Seyfrid será impedido de executar seus planos. Pois não estamos sozinhos. Os auxiliadores espirituais e os do reino da natureza não nos abandonarão! disse Uwid confiantemente.

Conversaram ainda sobre diversos assuntos, e a seguir o druida e sua mulher se despediram. Seyfrid voltou no dia seguinte ao anoitecer. A advertência de Gundhar nem teria sido necessária, pois ele havia sentido demasiadamente nítido as formas de ódio que partiam de Syphax.

— Eu me esconderei e mesmo assim ficarei em vossas proximidades.

— Onde? Onde te esconderás do malfeitor e de seus seguidores? exclamaram todos ao mesmo tempo.

— Na nossa balsa.

Uwid respirou aliviada. Ninguém havia pensado na balsa.

— Já há muito tempo Syphax não mais a usa. O medo das serpentes marinhas o mantém afastado. Durante os últimos anos, sempre de novo, têm emergido algumas perto de nossa praia.

A balsa encontrava-se no outro lado do promontório, atrás do terreno do castelo, o qual penetrava longe mar adentro. Ali encontrava-se uma enseada protegida...

— O caminho pelo promontório é muito penoso, mas é a possibilidade mais segura para chegar até a balsa. Não podemos utilizar o caminho usual, pois Syphax mandará vigiar todas as estradas fora do castelo... ainda hoje à noite irei até a balsa... tão logo for possível, mandarei notícias ou eu mesmo virei...

Segurança e confiança enchiam o coração de Uwid. Liasse fazia alegres planos para o futuro; Brunhild, porém, advertiu-a.

— Não mostres tua alegria ao teu pai. Ele ficaria desconfiado e nos mandaria vigiar até dentro do castelo!

Uwid acompanhou seu filho até os rochedos que, como uma muralha, fechavam o último dos pátios. Seyfrid, quando criança, muitas vezes havia andado entre as rochas, a fim de observar os animais que ali moravam. Logo encontrou a estreita passagem que conhecia... Uwid acompanhou-o com o olhar enquanto pôde vê-lo; depois voltou. As folhas dos arbustos e das árvores brilhavam ao luar. Corujas gigantes e inúmeros animais da noite voavam silenciosamente sob o céu estrelado.

Brunhild esperava no terraço. Desde a separação definitiva de Syphax, todo o seu ser havia mudado para melhor. Estava equilibrada, pronta para ajudar, e a sua beleza também havia retornado. Muitas vezes pensava em Klingsor. Durante a viagem com seus pais quase não havia falado com ele, não obstante sentira fortemente a sua presença. Também agora ainda era assim. Parecia-lhe como se uma parte dele constantemente estivesse perto dela, a fim de repartir as alegrias e os sofrimentos.

Modred também esperava por Uwid. Liasse adormecera feliz. Sua alma de criança havia-se reunido às almas de outras crianças, e juntas corriam agora brincando pelos prados, acompanhadas de muitos animais; trepavam nas árvores ou enfiavam seus pés descalços na areia de pequenos riachos...

Na mesma hora em que Uwid atravessava os pátios junto com Seyfrid, Shevaun aparecia no jardim da casa de Tus. Com amargura, pensava no paraíso que havia perdido. Como tinha sido sempre feliz no castelo!... Uwid e Modred haviam-lhe dado mais compreensão do que sua própria mãe. Desde que se ligara a Syphax, havia-se fechado para ela o caminho até lá. Odiava Syphax, porém sentia-se atraída por ele de um modo inexplicável... Às vezes, ele batia nela. Quando isso acontecia, Shevaun voltava para os seus. Mas nunca ficava por muito tempo pois, apesar de sua crueldade, algo a puxava para ele.

Agora a separação era definitiva. Ele a expulsara brutalmente de casa, quando se recusou a abortar a criança que esperava, então ela procurou abrigo junto de Tus. Era o único lugar para onde poderia dirigir-se sob tais circunstâncias.

Nascera a criança. Era uma menina. Tus deu à criança o nome de "Omphala". Era o nome de uma sacerdotisa de quem se lembrava ainda frequentemente...

ALGUNS dias depois de sua ida ao castelo, Syphax voltou novamente. Não vendo Seyfrid, ordenou a Uwid que mandasse chamá-lo, uma vez que teria algo de importante a comunicar-lhes.

— Seyfrid nos deixou. Não sabemos onde se encontra no momento! respondeu Uwid.

Depois dessa explicação, Syphax olhou desconfiado ao seu redor no salão, então decidiu falar:

— Estais vendo diante de vós o novo rei do país, visto que o antigo rei, Witu, fugiu covardemente.

Essa impertinência teve um efeito quase paralisante sobre as mulheres. Como nome real escolhi Herkul. Todos os druidas e também meus adeptos já foram notificados de que novamente um rei governa o país abandonado.

Syphax falara, aguardando agora a reação. Olhou para Liasse, sentada com olhos amedrontados entre Uwid e Modred. De início não se escutava nenhum som. Quando o silêncio já se tornava opressivo, Brunhild começou a rir divertidamente:

— Herkul, estás dizendo? Queres chamar-te Herkul? perguntou ela divertida, depois de um tempo. Se o gigante de Asgard tivesse conhecimento dessa petulância, com um dedo te empurraria para qualquer abismo…

— De um rei exige-se um grande saber! opinou Uwid calmamente. Acaso sabes de onde vens e para onde teus caminhos te conduzirão depois da morte?…

Syphax fez um gesto de desprezo.

— O que me importa vossa crença ridícula… depois da morte eu me unirei às sereias…

— As sereias são de espécie diferente da nossa… com elas, não há nenhuma união! respondeu Uwid.

— Não invejamos teu reino. Vai e torna-te rei no país das bruxas!

Essas palavras de Modred atingiram-no profundamente. O que mais teria gostado seria afogá-la imediatamente no mar junto com as outras duas…

Syphax olhou para Uwid. A calma dela encheu-o de desconfiança. Será que tinham preparado clandestinamente uma fuga? Pois bem, muito se decepcionariam ao encontrar um guarda em cada saída…

Se não fosse por Liasse, logo teria expulsado Uwid, Modred e Brunhild do castelo. A presença delas somente o incomodava. Caminhava mancando no salão, de um lado para outro, pois desde que fora ferido pelo animal marinho espinhoso, mancava. A ausência de Seyfrid deu-lhe o que pensar…

— Poupa o pé aleijado e senta-te, se ainda queres ficar aqui mais tempo! aconselhou Brunhild.

Ele parecia nem ter ouvido suas palavras, pois repentinamente parou diante de Uwid, ordenando-lhe que o conduzisse até a sala real.

— Eu, como novo rei, colocarei o cálice dos reis na mesa. De agora em diante ele também ficará lá.

As três mulheres ficaram estarrecidas. Não haviam esperado que ele já tão cedo mencionasse o sagrado cálice. A garganta de Uwid estava como que sufocada, e suas mãos tremiam. Sentia a ameaça que vinha dele. Com muito esforço conseguiu responder o mais calmamente possível:

— Se estás te referindo ao cálice sagrado do nosso senhor e rei, Parsival, procurarás em vão por ele.

— Onde está? Que fizestes com ele? perguntou maldosamente.

— O cálice sagrado, naturalmente, foi transportado para um lugar seguro. Decerto não esperavas que nós o deixássemos aqui, para que pudesses expô-lo por ocasião de tuas abomináveis cerimônias... Não conhecemos e também nunca vimos o lugar onde o cálice foi escondido! acrescentou ela ainda.

— O cálice terá de ser encontrado. Senão eu mato todos! disse ele com a voz trêmula de raiva.

Liasse deu um grito, correndo ao encontro dele.

— Não nos mates, pai! Não faças isso!

Os gritos da criança atingiram-no como um golpe. Ela agora chorava alto, e Brunhild necessitou de todos os esforços para acalmar a criança que sempre de novo gritava:

— Não nos mates!

Sem dizer mais nada, Syphax deixou o castelo. Nunca se sentira tão derrotado como agora. Liasse, sua querida filha, julgava-o capaz de matá-la...

A OS POUCOS alteravam-se também as condições climáticas no país. Muitas vezes a chuva não vinha na época usual, e o calor e a seca faziam com que as plantações secassem, ou então, inversamente, devido às chuvas demasiadamente prolongadas, os cereais apodreciam nos campos antes de poderem ser colhidos. A garoa fina que geralmente vinha do céu ensolarado, e que dava às frutas em amadurecimento um aroma especialmente delicado, deixou de vir totalmente.

Em muitos lugares, principalmente nos distritos do norte, surgiram lodaçais, dos quais subiam bolhas malcheirosas. Por toda a parte espalhavam-se pragas, até há pouco ainda desconhecidas. Mulheres e crianças, por exemplo, não mais podiam ir aos baixios úmidos, onde cresciam os mais bonitos e maiores cogumelos. Mal chegavam lá, bichos parecidos com sanguessugas grudavam-se em seus pés, sugando. As pequenas feridas provocadas coçavam muito, cicatrizando com dificuldade.

Também animais, que viviam antigamente escondidos nas cavernas de estalactites, importunavam agora frequentemente os seres humanos que moravam nas regiões próximas a essas cavernas. Era já a segunda vez que os habitantes de um povoado tinham de abandonar suas casas e campos por causa desses animais. Tratava-se agora de bichos descorados, semelhantes a sapos, com cerca de um metro de comprimento. Certo dia, apareceram aos milhares, cobrindo estradas, praças, pátios e campos. Esse povoado parecia ter sido o alvo final da longa marcha deles, pois morreram algumas horas após chegarem.

Pouco tempo depois, todo o ar ficou envenenado por um cheiro fétido de decomposição. Aos moradores não restou outra coisa além de fugir. Aliás, a pé, pois animais como búfalos, cavalos, etc., logo que avistaram esses bichos, correram em todas as direções, desaparecendo.

O druida do distrito onde se situavam as cavernas também não ficou nada satisfeito ao ver as pessoas – duzentas aproximadamente – que foram obrigadas a abandonar seu povoado, procurando agora sua ajuda. Tinha de cuidar do alojamento delas e também alimentá-las por enquanto. Pois bem, se quisessem ser sustentadas, então teriam de trabalhar para ele e outros… Ao mesmo tempo, estava assustado. Por que esses animais haviam abandonado suas cavernas? Dizia-se que elas se estendiam por quilômetros. Gurnemanz, talvez, tinha de fato razão ao aconselhar os habitantes da Atlântida a abandonar o país o mais rapidamente possível!... O druida afastou energicamente o medo que o invadia, permanecendo com a sua opinião. Quando a profecia começasse a realizar-se, ainda haveria bastante tempo para deixar o país...

Haviam-se passado já algumas semanas desde que Seyfrid havia deixado o castelo. Encontrara a balsa em boas condições, e também a pequena casa, nela instalada, estava em ordem. A balsa tinha seis remos e uma grande vela. Mas haveria somente dois homens para movimentar os pesados remos: ele e Orilo, o tratador de animais de seu pai.

Orilo, que desde o primeiro momento detestou Syphax, esperava por Seyfrid todas as noites no último pátio, onde ainda havia um abrigo para animais. Lá ele entregava as coisas que Uwid lhe dera durante o dia, quando não se via ninguém. Por exemplo: cobertores, roupas e demais objetos necessários. Às vezes carregavam juntos os sacos e cestos até a balsa.

Seyfrid já tinha em mente um exato plano de viagem. Distante dois dias de viagem em direção ao norte, ele conhecia uma enseada circundada por mata virgem. Ali desembarcariam, continuando a viajar em seus animais de montaria. Orilo assumira a incumbência de levar os animais até lá. Uma vez que os búfalos, os cavalos e os dois cervos de Liasse haviam, durante os últimos tempos, permanecido nos pastos, a falta deles nem seria notada. Os cervos – tratava-se de um casalzinho – Witu dera a Liasse. Essa espécie de cervo, outrora utilizado como montaria, não mais existe na Terra.

A viagem por terra seria penosa, visto que teriam de evitar a estrada principal. Sabiam que Syphax perseguiria sua filha até a Casa da Neblina, a fim de trazê-la de volta. Por isso, todo cuidado era pouco.

Uwid contara a Klingsor sobre o plano de fuga, quando ele certo dia apareceu no castelo. Ele alegrou-se muito ao ouvir isso. Logo transmitiria a notícia a Gurnemanz, depois esperaria por eles numa casa suficientemente afastada da Casa da Neblina. Alguns outros guias, com os quais certamente se encontrariam e que conheciam todos os caminhos secundários para essa casa, iriam acompanhá-los em segurança até lá...

A fuga da família real ocorreu como fora planejada. Essa fuga provavelmente não teria sido realizada assim, sem incidentes, se não tivesse ocorrido algo que fez com que Syphax se afastasse do castelo. Ele recebeu a informação de que Seyfrid estaria no sul, tendo sido visto no porto fazendo um trato com um dos navegantes, os quais, apesar de todas as advertências, continuavam a aportar no país. Cego pelo ódio e pela sede de vingança, viajou para o sul. Nem ocorreu a Syphax que Seyfrid jamais se salvaria sozinho...

Naturalmente não o achou. Ficou ausente semanas a fio, sempre na esperança de encontrá-lo e matá-lo. Voltando, achou o castelo vazio. Sua filha fora raptada... E ninguém prestara atenção... Mandou decapitar os guardas do castelo incumbidos de vigiá-los, sob a acusação de que teriam dormido.

Syphax ficou apenas uma noite no castelo, cavalgando a seguir com alguns amigos, entre eles Hagen, para o norte. Lá conversaria com Gurnemanz, obrigando-o a revelar o paradeiro de Liasse.

O local onde a família real descansou durante alguns dias era uma grande e forte casa de troncos de madeira, na qual antigamente tinha morado um sábio. Gurnemanz utilizava-a como casa de hóspedes. Acomodava nela visitantes que vinham de países longínquos para aprender com ele.

No dia em que Uwid chegou com os seus, o druida Moran ocupava-a com a sua e algumas outras famílias também. A alegria ao se reverem foi grande. Moran tinha sido companheiro de Witu. Cresceram juntos, e juntos também haviam passado uma temporada com Gurnemanz. Agora, reunidos, viajariam para a nova pátria.

Certo dia, à tarde, Gurnemanz convocou os viajantes para o grande salão e proferiu uma palestra.

Falou do rei de todos eles, o sagrado Espírito, Parsival, diante do qual haviam prestado um voto de fidelidade.

— Enquanto formos fiéis a ele, nada nos pode acontecer! Ele é a origem de todo ser... vivemos de sua força... Muitos dos nossos romperam os laços que os ligavam a ele... A tragédia contida nesse fato, de início, nem se lhes tornará consciente... mas o brilho de seus espíritos está apagado, e isso no final dos tempos se tornará perceptível.

O perigo de perder-se depende do próprio ser humano. Pois cada um sabe o que é bom ou mau! Apenas os que ultrapassaram os limites proibidos para baixo, não o sabem...

Atentai para o dia a dia, para o presente em que viveis! Pois no presente formamos o nosso futuro! O futuro que nos aguarda depois da morte terrena e, mais tarde, numa nova vida terrena. Cada uma de nossas vidas terrenas reflete o nosso passado em vidas anteriores. Por isso, lembrai-vos sempre: quem agir direito no presente, não precisa temer o futuro...

Todo o brilho do ser humano tem sua origem em seu espírito puro. Todos os entes da natureza, também os animais e plantas, são atraídos por esse brilho, sentindo seu efeito benéfico... Em compensação eles nos oferecem uma dádiva preciosa. É a alegria!

Quando Gurnemanz fez uma pausa, um dos presentes perguntou:

— Por que tantos dos nossos se ligaram aos estrangeiros, adotando seus costumes abomináveis?

Todos aguardavam atentamente a resposta, visto que a mesma pergunta os preocupava já havia muito. Pois se tratava de seres humanos de sua própria raça e de seu próprio país.

Gurnemanz fez um gesto afirmativo, como se tivesse lido seus pensamentos:

— Todos eles pertencem ao altamente desenvolvido povo da Atlântida, no entanto tinha de estar aderido a eles algo de errado: falsas opiniões ou outros erros, aliás provenientes de vidas terrenas anteriores. O encontro com os forasteiros fez com que esses erros viessem à tona, com o que logo se formou uma ponte entre eles... Pode-se dizer também que logo se entenderam, por terem ambas as partes, dentro de si, erros ou concepções idênticas...

Gurnemanz calou-se, olhando ao redor interrogativamente. Ao notar que todos haviam compreendido suas explicações, continuou a responder as demais perguntas. Por fim, comunicou-lhes que ele, pessoalmente, iria conduzi-los para a nova pátria. Tal comunicação desencadeou uma grande alegria, pois onde quer que ele se encontrasse, difundia harmonia e contentamento à sua volta.

— Talvez, mais tarde, eu ainda volte uma vez. Agora não posso ajudar mais ninguém. Durante muito tempo viajei pelo país. Todos foram avisados dos perigos que ameaçam cada um que esperar demasiadamente para abandonar o país...

Quando Syphax chegou à Casa da Neblina, encontrou apenas um homem, que supostamente guardava a casa até a volta de Gurnemanz. Os guias que tinham de mostrar aos emigrantes os novos caminhos haviam-se escondido bem.

— Gurnemanz provavelmente está viajando de novo pelo país. Se já tivesse partido para sempre não teria deixado um guarda! opinou Hagen.

— Daqui se sai da Atlântida por diversos caminhos. Liasse agora deve estar num deles. Temos de achar o caminho e punir os raptores de minha filha! disse Syphax com firmeza.

Hagen e os outros discordavam disso, não obstante seguiram com Syphax durante vários dias, andando de um lado para o outro. Quando julgavam ter descoberto um caminho, constatavam logo depois que estavam errados. Os caminhos que encontraram terminavam ou num alto e espinhoso matagal diante de paredões de rocha, ou dentro de impenetráveis matas virgens. Finalmente Syphax deu-se por vencido, voltando ao castelo. Principalmente por causa de sua perna, que estava muito inchada e dolorida.

A VIDA na Atlântida prosseguia. Mas era uma vida cheia de amargura, descontentamento, desconfiança e sombreada por formas de medo. O clima piorava de ano para ano, o que produzia efeitos negativos sobre toda a agricultura. Mesmo quando alguma vez o tempo era favorável, havia colheitas más, ou então as colheitas e os frutos eram destruídos por algum acontecimento imprevisto.

Uma vez, por exemplo, aconteceu que enxames de vespas destruíram, pouco antes do amadurecimento, todos os figos que cresciam no sul. Uma parte desses figos sempre ia para o norte do país, onde eram trocados por maçãs e outras frutas.

Também as frutas do norte não ficaram protegidas da destruição. As maçãs, bem como outras frutas, foram carcomidas por uma espécie de rato das árvores, de modo que se tornaram impróprias para a alimentação humana. O povo da Atlântida sentia muita falta das frutas, pois exatamente estas constituíam um elemento essencial de sua alimentação.

Florestas inteiras com suas nogueiras e castanheiras secavam, e ano após ano foram destruídos mais campos de cultivo, devido à ação de uma espécie de toupeira. Era como se os entes da natureza, que por toda a parte haviam ajudado outrora os seres humanos, agora apenas estivessem trabalhando contra eles...

Cada vez mais surgiam novos "rituais religiosos", proliferando como cogumelos da terra, e toda a sorte de cobiças baixas eram colocadas no lugar do amor. Novas bruxas apareceram. Aliás, não mais eram chamadas de bruxas, mas sim de sacerdotisas.

Vendavais, chuvas de granizo, terremotos, maremotos e até mesmo erupções vulcânicas abalavam o país. Mas os seres humanos remanescentes pareciam estar cegos e surdos. Apesar de todos os presságios da natureza, continuavam a acreditar que ainda tinham muito tempo diante de si...

Outrora cada um era seu próprio dono e servo ao mesmo tempo. Quando alguém executava trabalhos para outrem, então sempre recebia a justa recompensa. Isso com o tempo acabou totalmente. Quando a Atlântida se aproximava do fim, existiam duas castas: a dos senhores e a dos servos. Servos tornaram-se todos aqueles que devido à própria indolência, ou catástrofes naturais e outros infortúnios, haviam perdido suas terras. A maioria desses permanecia no país, na esperança de reaver seus bens...

Os homens tornaram-se cada vez mais arrogantes e brutais. Muitas vezes as mulheres tinham culpa disso, pois sujeitavam-se voluntariamente, sofrendo os piores maus-tratos. Além disso, eram as moças e mulheres jovens que, seminuas ou totalmente despidas, atuavam em todas essas repugnantes e abomináveis "cerimônias religiosas".

Omphala não se sujeitava a nenhum homem. Ela odiava todos. Sua mãe, Shevaun, que falecera em consequência do uso de entorpecentes, também os havia odiado. A bruxa Tus também falecera. Depois de sua morte, Omphala assumiu o lugar dela. Tus a havia introduzido, já desde criança, em todos os seus "mistérios" e a tinha consagrado "suprema sacerdotisa" da Atlântida. Eram inúmeras as outras bruxas que viviam no país e que agora eram denominadas sacerdotisas.

Omphala exercia uma grande influência sobre outras pessoas. Seus conselhos sempre eram obedecidos, quer fossem bons ou maus. Quando, certo dia, mandou divulgar que teria recebido de seus espíritos auxiliares a incumbência de combater todos os homens, muitas se prontificaram a ajudá-la e atuar nesse sentido.

Elas vieram em bandos, perguntando de que maneira deveriam combater os homens. A resposta de Omphala foi curta:

— Matai esta raça, antes que possa proporcionar-vos sofrimento! Matai cada menino recém-nascido; assim, mais tarde, ele não poderá causar nenhuma desgraça!

Mesmo as adeptas mais fanáticas da sacerdotisa recusaram-se, no primeiro momento, ao ouvir isso. Pouco a pouco, porém, a primeira impressão desagradável desapareceu, e deram razão a Omphala. Os homens tinham culpa de toda a desgraça. Contra isso tinha de se fazer algo...

Começou então uma mortandade de meninos recém-nascidos como decerto não houve em parte alguma e nunca mais haverá. Os seres humanos de índole boa ainda residentes na Atlântida lutavam com todos os meios contra esses crimes. Eles observavam as futuras mães e, ao chegar o dia do nascimento, pegavam o recém-nascido, caso fosse um menino. A maioria das mães não tinha nada contra isso. Se outros quisessem ocupar-se com crianças indesejadas, seria coisa deles.

Não havia mais, em nenhuma parte, segurança e paz. Violências e fanatismo tinham supremacia em todos os lugares. Syphax morreu entre mil dores, devido à picada venenosa de um inseto. Dessa vez não existia mais nenhuma Tus para livrá-lo do veneno em seu corpo.

Veio então o dia em que os druidas – eram nove ainda, pois os outros três não mais estavam vivos – resolveram deixar o país. Mandaram mensageiros para a Casa da Neblina, pois, como Gurnemanz em tempos passados havia dito, ali haveria guias de prontidão. Agora necessitariam deles, a fim de serem guiados para a nova terra.

Os mensageiros logo depois de poucos dias voltaram sem nada ter conseguido, e nem chegaram até a Casa da Neblina. Não havia mais caminhos até lá. As largas e profundas fendas cheias de água e os pântanos impediam qualquer prosseguimento. Os druidas não acreditaram nos mensageiros. Queriam convencer-se por si mesmos. Pois não havia apenas um caminho até a Casa da Neblina. Então... eles se convenceram de que os mensageiros tinham razão. A Atlântida agora estava totalmente isolada do continente. Os largos e profundos fossos de água eram intransponíveis. Também troncos de árvores nada adiantavam, já que a terra desbarrancava nas bordas. Onde não havia fossos de água, a terra era tão pantanosa que qualquer pessoa que ousasse avançar um passo, logo afundaria...

Os druidas estavam reunidos, calados. O fato de saber que tudo que de agora em diante fizessem ou empreendessem não teria mais nenhum sentido, pesava-lhes como um fardo insuportável.

— Gurnemanz deveria ter-nos advertido! disse Wulthus irado.

— Ele nos advertiu. Muitas vezes! lembrou um outro druida.

— Ele não falou que ficaríamos isolados do continente!

— Gurnemanz sabia, pois exortou a nós todos, insistentemente, para que deixássemos o país dentro dos primeiros dez anos. Ele não tem culpa nenhuma...

Voltavam, pois a terra parecia ceder por toda a parte, debaixo de seus pés. Inquietação e medo mortal eram de agora em diante seus acompanhantes.

Ao passar por uma rocha, ao lado do caminho, eles viram uma cruz entalhada, muito antiga.

— Enganamos e lançamos na desgraça os seres humanos que ficaram conosco! Mas os entes celestes não podemos enganar! disse um dos druidas cheio de remorsos.

— Cala-te! ordenou Wulthus de modo sombrio, olhando fixamente a cruz.

Montou em seu búfalo e afastou-se, sendo o primeiro a deixar o local.

— Temos de informar o povo de que não existe mais nenhuma saída. Estamos isolados! disse um deles.

— Isso não seria inteligente! respondeu Clusin rapidamente. Perderíamos a confiança depositada em nós, desencadeando atos de loucura!

Clusin tinha razão. Era tarde demais para qualquer medida. E assim todos voltaram. Passaram por povoados abandonados, por leitos de rios secos, florestas mortas e casas de abelhas desmoronadas. As florestas, outrora tão cheias de animais, estavam estranhamente silenciosas e vazias. Mesmo pássaros só se viam raramente...

Apenas poucas abelhas ainda existiam na Atlântida. Já há anos, grandes formigas de cabeça branca assaltavam as abelhas por toda a parte. Destruíam a cria e comiam o mel. Dos ursos, as abelhas podiam ser protegidas. Mas das formigas que vinham aos milhões, qualquer proteção era impossível...

No início apenas poucos souberam que não havia mais salvação para eles. Este fato, naturalmente, não pôde permanecer escondido por muito tempo. Os druidas tinham toda a razão de temerem o dia em que se tornasse público que eles haviam enganado o povo. Não durou muito, e todos ficaram cientes de que não havia mais salvação. A reação não se fez esperar muito. A raiva e o medo do povo foram horríveis. Eles assassinaram os druidas com suas famílias e adeptos, exceto os que fugiram antes...

A Atlântida tornara-se um lugar de horror. A outrora tão perfeita visão de mundo dos habitantes havia desmoronado. A geração mais nova não conhecia nenhuma verdadeira religião que lhe poderia proporcionar força e apoio. Isso era trágico, pois sem ligação com a origem, na Luz, uma grande parte deles se perdeu, entregando-se a toda sorte de vícios, entre eles também a entorpecentes...

Havia entre o povo também alguns que se arrependiam por não terem seguido a tempo as exortações de Gurnemanz. Estes não se revoltavam contra seu destino, mas arrependiam-se de seus erros. Todavia, também para eles já era tarde demais...

Poucos anos antes do fim, os últimos setenta dragões deixaram o país. Todos eles tinham "donos", aos quais já havia anos serviam alegremente. Apenas dragões muito velhos, que não mais tinham forças para levantar voo, permaneciam na Atlântida.

Uma parte dos setenta dragões tinha seus abrigos no distrito real e outra no distrito vizinho do sul.

As famílias dos jovens "voadores de dragões" haviam deixado o país enquanto ainda era possível, porém sem seus filhos... Estes pensavam em voar com seus dragões até a casa de Gurnemanz, prosseguindo de lá a pé.

Gurnemanz, logo no início, mandara notificar todos os voadores de dragões que na nova pátria não havia condições de vida para os dragões, e que os animais sabiam disso exatamente. Com isso Gurnemanz queria evitar que os donos de dragões se entregassem a falsas esperanças…

Pouco depois da partida de suas famílias, os setenta homens prepararam-se para o seu último voo. Os voadores do distrito real reuniram-se no "campo de voo", a fim de lá aguardar seus companheiros do distrito sulino.

Tão logo eles chegassem, tomariam juntos o caminho para o norte. Os voadores de dragões do distrito do sul chegaram pontualmente no tempo previsto. Aterrissaram no campo, esperando até que os voadores do distrito real montassem em seus animais. Feito isso, os dragões alçaram voo com grande alarido. Era ainda de madrugada. O hálito de fogo dos animais formava figuras estranhas no denso nevoeiro…

Todos os moços, sem exceção, estavam tristes. Não porque tinham de abandonar a velha pátria, mas porque precisavam separar-se dos seus queridos animais. O voador do primeiro dragão, que indicava a direção, esforçou-se inutilmente em dirigir o animal rumo ao norte. Com os subsequentes se deu o mesmo.

Os animais, aparentemente, visavam um bem determinado alvo, para o qual se dirigiam sem se deixar desviar. Quando os voadores perceberam isso, entregaram-se ao seu destino. Confiavam em seus dragões. E sua confiança era justificada.

Os dragões voaram com seus amos para um país longínquo que conheciam, levando-os até seres humanos belos, bons e possuidores de um grande saber espiritual…

AS CONDIÇÕES de vida na Atlântida tornaram-se cada vez mais catastróficas. Doenças, fome, pragas de insetos e principalmente a falta de água atormentavam moços e velhos. Frequentemente surgiam brigas por causa de um jarro de água. Todos os rios, riachos e nascentes secavam pouco a pouco, e os lagos e lagoas transformavam-se em pântanos lodosos.

Não se reconhecia mais o país. Todas as forças construtivas e conservadoras haviam-se retirado. A terra, que outrora difundia o perfume de ervas aromáticas, apenas exalava gases malcheirosos. E não havia mais, em parte alguma, uma saída salvadora. Nem mesmo no sul. Navios mercantes já há muito não mais aportavam, e aqueles que possuíam embarcações próprias haviam saído há muito tempo. Mesmo se ainda existissem balsas, uma salvação pelo mar afora teria sido impossível.

As ondas turbulentas que investiam contra o cais já há muito haviam derrubado as muralhas, e grandes porções de terra afundavam no mar. Somavam-se a isso, ainda, as serpentes marinhas e outros monstros do mar, que pareciam estar à espera de presas.

A maioria das pessoas havia-se entregado a seus destinos. Ainda não estavam mortas, mas era como se estivessem, já que não existia mais salvação. Os abalos dos últimos anos haviam-nas tornado indiferentes, ou então viviam num emaranhado de pensamentos confusos.

Finalmente chegou o dia em que o período difícil de sua existência encontrou seu fim. A profecia se cumpria… Na atuação conjunta de todas as forças elementares, desapareceu um mundo nas águas do mar…

Essa catástrofe foi um imponente acontecimento da natureza. Qualquer descrição equivaleria apenas a uma pálida reprodução do acontecimento real… O leitor talvez receba uma imagem aproximada, lendo as seguintes linhas:

Uma luz pálida, fantasmagórica, envolvia o país que se tornara conhecido sob o nome de Atlântida. Pela última vez, pois logo após abriram-se fendas e abismos, e vapores e chamas lançavam-se para cima. Com ruído estridente muros de toneladas de peso e árvores gigantescas ruíam estrondosamente. Relâmpagos vermelhos e trovões ininterruptos faziam estremecer o ar. Um furacão passava fustigando sobre ondas da altura de uma casa. O mar parecia ser constituído somente de espuma fosforescente. A terra parecia ter-se desequilibrado, tanto que balançava para lá e para cá.

Os seres humanos que se encontravam nesse rebuliço da natureza, não mais gritavam ou choravam. Seus rostos iluminados por relâmpagos estavam dirigidos para cima, como que estarrecidos. Então aconteceu o fenômeno abalador do mundo. Uma estrela – ou era uma pequena lua – lançou-se sobre a Terra, afundando até o último pedaço desse país e o último pico de montanha.

A Atlântida não mais existia. Desapareceu da face da Terra em um dia e uma noite.

Já depois de pouco tempo não restava mais nenhum vestígio desse extraordinário acontecimento, a não ser a esquisita coloração das nuvens e o mar revolto.

Desaparecidos estavam os aterradores monstros marinhos, cujos pescoços de vários metros de comprimento sobressaíam da água como que procurando algo. Seu tempo também havia terminado. O mesmo ocorreu com os dragões que durante milênios haviam servido aos seres humanos. Os últimos deles voaram para um alvo desconhecido. Com o desaparecimento da Atlântida, os monstros marinhos e os dragões desapareceram para sempre do ambiente dos seres humanos. Continuaram vivos apenas em contos e lendas.

As estrelas cintilavam com seu brilho de sempre no firmamento. Contudo, o astro semelhante a uma pequena lua não mais era visível.

A espuma das ondas brilhava com reflexos fosforescentes, de uma beleza indescritível, dando testemunho das maravilhas da Criação. No bramir dos ventos ouviam-se os cânticos de júbilo das sereias, levados pelas correntes de ar para todas as direções.

E os seres humanos? Eles sofreram uma morte horrorosa, porque não quiseram de outra forma. Ninguém pode ser obrigado a fazer algo que não quer, pois tão só o ser humano é senhor do seu próprio destino. Jamais poderá subjugar as forças elementares. Ao contrário. Está entregue a elas, quando suas resoluções não vibram em harmonia com a vontade da Luz.

À tragédia da Atlântida, seguiram-se muitas outras. Somente agora, no Juízo Final, encontrarão o seu remate.

AO LEITOR

A Ordem do Graal na Terra é uma entidade criada com a finalidade de difusão, estudo e prática dos elevados princípios da Mensagem do Graal de Abdruschin "NA LUZ DA VERDADE", e congrega as pessoas que se interessam pelo conteúdo das obras que edita. Não se trata, portanto, de uma simples editora de livros.

Se o leitor desejar uma maior aproximação com as pessoas que já pertencem à Ordem do Graal na Terra, em vários pontos do Brasil, poderá dirigir-se aos seguintes endereços:

Por carta
ORDEM DO GRAAL NA TERRA
Rua Sete de Setembro, 29.200 – CEP 06845-000
Embu das Artes – SP – BRASIL
Tel/Fax: (11) 4781-0006

Por e-mail
graal@graal.org.br

Pela Internet
www.graal.org.br

NA LUZ DA VERDADE

Mensagem do Graal

de **Abdruschin**

Obra editada em três volumes, contém esclarecimentos a respeito da existência do ser humano, mostrando qual o caminho que deve percorrer a fim de encontrar a razão de ser de sua existência e desenvolver todas as suas capacitações.

Seguem-se alguns assuntos contidos nesta obra: O reconhecimento de Deus • O mistério do nascimento • Intuição • A criança • Sexo • Natal • A imaculada concepção e o nascimento do Filho de Deus • Bens terrenos • Espiritismo • O matrimônio • Astrologia • A morte • Aprendizado do ocultismo, alimentação de carne ou alimentação vegetal • Deuses, Olimpo, Valhala • Milagres • O Santo Graal.

vol. 1 ISBN 978-85-7279-026-0 • 256 p.   vol. 2 ISBN 978-85-7279-027-7 • 480 p.
vol. 3 ISBN 978-85-7279-028-4 • 512 p.

ALICERCES DE VIDA
de Abdruschin

"Alicerces de Vida" reúne pensamentos de Abdruschin extraídos da obra "Na Luz da Verdade". O significado da existência é tema que permeia a obra. Esta edição traz a seleção de diversos trechos significativos, reflexões filosóficas apresentando fundamentos interessantes sobre as buscas do ser humano.

Edição de bolso • ISBN 978-85-7279-086-4 • 192 p.

OS DEZ MANDAMENTOS E O PAI NOSSO
Explicados por Abdruschin

Amplo e revelador! Este livro apresenta uma análise profunda dos Mandamentos recebidos por Moisés, mostrando sua verdadeira essência e esclarecendo seus valores perenes.

Ainda neste livro compreende-se toda a grandeza de "O Pai Nosso", legado de Jesus à humanidade. Com os esclarecimentos de Abdruschin, esta oração tão conhecida pode de novo ser sentida plenamente pelos seres humanos.

ISBN 978-85-7279-058-1 • 80 p.
Também em edição de bolso

RESPOSTAS A PERGUNTAS
de Abdruschin

Coletânea de perguntas respondidas por Abdruschin no período de 1924-1937, que esclarecem questões enigmáticas da atualidade: Doações por vaidade • Responsabilidade dos juízes • Frequência às igrejas • Existe uma "providência"? • Que é Verdade? • Morte natural e morte violenta • Milagres de Jesus • Pesquisa do câncer • Ressurreição em carne é possível? • Complexos de inferioridade • Olhos de raios X.

ISBN 85-7279-024-1 • 192 p

Obras de Roselis von Sass

A DESCONHECIDA BABILÔNIA

A desconhecida Babilônia, de um lado tão encantadora, do outro ameaçada pelo culto de Baal.

Entre nesse cenário e aprecie uma das cidades mais significativas da Antiguidade, conhecida por seus Jardins Suspensos, pela Torre de Babel e por um povo ímpar – os sumerianos – fortes no espírito, grandes na cultura.

ISBN 85-7279-063-2 • 304 p.

A GRANDE PIRÂMIDE REVELA SEU SEGREDO

Revelações surpreendentes sobre o significado dessa Pirâmide, única no gênero. O sarcófago aberto, o construtor da Pirâmide, os sábios da Caldeia, os 40 anos levados na construção, os papiros perdidos, a Esfinge e muito mais… são encontrados em "A Grande Pirâmide Revela seu Segredo".

Uma narrativa cativante que transporta o leitor para uma época longínqua em que predominavam o amor puro, a sabedoria e a alegria.

ISBN 978-85-7279-044-4 • 352 p.

A VERDADE SOBRE OS INCAS

O povo do Sol, do ouro e de surpreendentes obras de arte e arquitetura. Como puderam construir incríveis estradas e mesmo cidades em regiões tão inacessíveis?

Um maravilhoso reino que se estendia da Colômbia ao Chile.

Roselis von Sass revela os detalhes da invasão espanhola e da construção de Machu Picchu, os amplos conhecimentos médicos, os mandamentos de vida dos Incas e muito mais.

ISBN 978-85-7279-053-6 • 288 p.

ÁFRICA E SEUS MISTÉRIOS

"África para os africanos!" é o que um grupo de pessoas de diversas cores e origens buscava pouco tempo após o Congo Belga deixar de ser colônia. Queriam promover a paz e auxiliar seu próximo.

Um romance emocionante e cheio de ação. Deixe os costumes e tradições africanas invadirem o seu imaginário! Surpreenda-se com a sensibilidade da autora ao retratar a alma africana!

ISBN 85-7279-057-8 • 336 p.

ATLÂNTIDA. Princípio e Fim da Grande Tragédia
Atlântida, a enorme ilha de incrível beleza e natureza rica, desapareceu da face da Terra em um dia e uma noite…
Roselis von Sass descreve os últimos 50 anos da história desse maravilhoso país, citado por Platão, e as advertências ao povo para que mudassem para outras regiões.
ISBN 978-85-7279-036-9 • 176 p.

FIOS DO DESTINO DETERMINAM A VIDA HUMANA
Amor, felicidade, inimizades, sofrimentos!… Que mistério fascinante cerca os relacionamentos humanos! Em narrativas surpreendentes a autora mostra como as escolhas presentes são capazes de determinar o futuro. O leitor descobrirá também como novos caminhos podem corrigir falhas do passado, forjando um futuro melhor.
ISBN 978-85-7279-045-1 • 208 p.

LEOPOLDINA, uma vida pela Independência
Pouco se fala nos registros históricos sobre a brilhante atuação da primeira imperatriz brasileira na política do país. Roselis von Sass mostra os fatos que antecederam a Independência e culminaram com a emancipação política do Brasil, sob o olhar abrangente de Leopoldina. – Extraído do livro "Revelações Inéditas da História do Brasil".
Edição de bolso • ISBN 978-85-7279-111-3 • 144 p.

O LIVRO DO JUÍZO FINAL
Uma verdadeira enciclopédia do espírito, onde o leitor encontrará um mundo repleto de novos conhecimentos. Profecias, o enigma das doenças e dos sofrimentos, a morte terrena e a vida no Além, a 3ª Mensagem de Fátima, os chamados "deuses" da Antiguidade, o Filho do Homem e muito mais…
ISBN 978-85-7279-049-9 • 384 p.

O NASCIMENTO DA TERRA
Qual a origem da Terra e como se formou? Roselis von Sass descreve com sensibilidade e riqueza de detalhes o trabalho minucioso e incansável dos seres da natureza na preparação do planeta para a chegada dos seres humanos.
ISBN 85-7279-047-0 • 176 p.

OS PRIMEIROS SERES HUMANOS
Conheça relatos inéditos sobre os primeiros seres humanos que habitaram a Terra e descubra sua origem. Uma abordagem interessante sobre como surgiram e como eram os berços da humanidade e a condução das diferentes raças.

Roselis von Sass esclarece enigmas… o homem de Neanderthal, o porquê das Eras Glaciais e muito mais…

ISBN 978-85-7279-055-0 • 160 p.

PROFECIAS E OUTRAS REVELAÇÕES

As pressões do mundo atual, aliadas ao desejo de desvendar os mistérios da vida, trazem à tona o interesse pelas profecias. O livro traz revelações sobre a ainda intrigante Terceira Mensagem de Fátima, as transformações do Sol e o Grande Cometa, e mostra que na vida tudo é regido pela lei de causa e efeito e que dentro da matéria nada é eterno! – Extraído de "O Livro do Juízo Final".

Edição de bolso • ISBN 85-7279-088-8 • 176 p.

REVELAÇÕES INÉDITAS DA HISTÓRIA DO BRASIL

Através de um olhar retrospectivo e sensível, a autora narra os acontecimentos da época da Independência do Brasil, relatando traços de personalidade e fatos inéditos sobre os principais personagens da nossa História, como a Imperatriz Leopoldina, os irmãos Andrada, Dom Pedro I, Carlota Joaquina, a Marquesa de Santos, Metternich da Áustria e outros…

Descubra ainda a origem dos guaranis e dos tupanos, e os motivos que levaram à escolha de Brasília como capital, ainda antes do Descobrimento do Brasil.

ISBN 978-85-7279-112-0 • 256 p.

SABÁ, o País das Mil Fragrâncias

Feliz Arábia! Feliz Sabá! Sabá de Biltis, a famosa rainha que desperta o interesse de pesquisadores da atualidade. Sabá dos valiosos papiros com os ensinamentos dos antigos "sábios da Caldeia". Da famosa viagem da rainha de Sabá, em visita ao célebre rei judeu, Salomão. Em uma narrativa atraente e romanceada, a autora traz de volta os perfumes de Sabá, a terra da mirra, do bálsamo e do incenso, o "país do aroma dourado"!

ISBN 85-7279-066-7 • 416 p.

TEMPO DE APRENDIZADO

"Tempo de Aprendizado" traz frases e pequenas narrativas sobre a vida, o cotidiano e o poder do ser humano em determinar seu futuro. Fala sobre a relação do ser humano com o mundo que está ao redor, com seus semelhantes e com a natureza. Não há receitas para o bem-viver, mas algumas narrativas interessantes e pinceladas de reflexão que convidam a entrar em um novo tempo. Tempo de Aprendizado.

Livro ilustrado • *Capa dura* • ISBN 85-7279-085-3 • 112 p.

Obras de Diversos Autores

A VIDA DE ABDRUSCHIN

Por volta do século XIII a.C., o soberano dos árabes parte em direção aos homens do deserto. Rústicos guerreiros tornam-se pacíficos sob o comando daquele a quem denominam "Príncipe". Na corte do faraó ocorre o previsto encontro entre Abdruschin e Moisés, o libertador do povo israelita. "A Vida de Abdruschin" é a narrativa da passagem desse "Soberano dos soberanos" pela Terra.

ISBN 85-7279-011-X • 264 p.

A VIDA DE MOISÉS

A narrativa envolvente traz de volta o caminho percorrido por Moisés desde seu nascimento até o cumprimento de sua missão: libertar o povo israelita da escravidão egípcia e transmitir os Mandamentos de Deus.

Com um novo olhar, acompanhe os passos de Moisés em sua busca pela Verdade e liberdade. – Extraído do livro "Aspectos do Antigo Egito".

Edição de bolso • ISBN 978-85-7279-074-1 • 160 p.

ASPECTOS DO ANTIGO EGITO

O Egito ressurge diante dos olhos do leitor trazendo de volta nomes que o mundo não esqueceu – Tutancâmon, Ramsés, Moisés, Akhenaton e Nefertiti.

Reviva a história desses grandes personagens, conhecendo suas conquistas, seus sofrimentos e alegrias, na evolução de seus espíritos.

ISBN 85-7279-076-4 • 288 p.

BUDDHA

Os grandes ensinamentos de Buddha ficaram perdidos no tempo…

O livro traz à tona questões fundamentais sobre a existência do ser humano, o porquê dos sofrimentos, e também esclarece o Nirvana e a reencarnação.

ISBN 978-85-7279-072-7 • 336 p.

CASSANDRA, a princesa de Troia

Pouco explorada pela história, a atuação de Cassandra, filha de Príamo e Hécuba, reis de Troia, ganha destaque nesta narrativa. Com suas profecias, a jovem alertava constantemente sobre o trágico destino que se aproximava de Troia.

Edição de bolso • ISBN 978-85-7279-113-7 • 240 p.

ÉFESO

A vida na Terra há milhares de anos. A evolução dos seres humanos que, sintonizados com as leis da natureza, eram donos de uma rara sensibilidade, hoje chamada "sexto sentido".

ISBN 85-7279-006-3 • 232 p.

ESPIANDO PELA FRESTA
de Sibélia Zanon, com ilustrações de Fátima Seehagen

"Espiando pela fresta" tem o cotidiano como palco. As 22 frestas do livro têm o olhar curioso para questões que apaixonam ou incomodam. A prosa de Sibélia Zanon busca o poético e, com frequência, mergulha na infância: espaço propício para as descobertas da existência e também território despretensioso, capaz de revelar as verdades complexas da vida adulta.

ISBN 978-85-7279-114-4 • 112 p.

JESUS ENSINA AS LEIS DA CRIAÇÃO
de Roberto C. P. Junior

Em "Jesus Ensina as Leis da Criação", Roberto C. P. Junior discorre sobre a abrangência das parábolas e das leis da Criação de forma independente e lógica. Com isso, leva o leitor a uma análise desvinculada de dogmas. O livro destaca passagens históricas, sendo ainda enriquecido por citações de teólogos, cientistas e filósofos.

ISBN 85-7279-087-X • 224 p.

JESUS, Fatos Desconhecidos

Independentemente de religião ou misticismo, o legado de Jesus chama a atenção de leigos e estudiosos.

"Jesus, Fatos Desconhecidos" traz dois relatos reais de sua vida que resgatam a verdadeira personalidade e atuação do Mestre, desmistificando dogmas e incompreensões nas interpretações criadas por mãos humanas ao longo da História. – Extraído do livro "Jesus, o Amor de Deus".

Edição de bolso • ISBN 978-85-7279-089-5 • 192 p.

JESUS, o Amor de Deus

Um novo Jesus, desconhecido da humanidade, é desvendado. Sua infância... sua vida marcada por ensinamentos, vivências, sofrimentos... Os caminhos de João Batista também são focados. "Jesus, o Amor de Deus" – um livro fascinante sobre aquele que veio como Portador da Verdade na Terra!

ISBN 85-7279-064-0 • 400 p.

LAO-TSE

Conheça a trajetória do grande sábio que marcou uma época toda especial na China. Acompanhe a sua peregrinação pelo país na busca de constante aprendizado, a vida nos antigos mosteiros do Tibete, e sua consagração como superior dos lamas e guia espiritual de toda a China.

ISBN 978-85-7279-065-9 • 304 p.

MARIA MADALENA

Maria Madalena é personagem que provoca curiosidade, admiração e polêmica!

Símbolo de liderança feminina, essa mulher de rara beleza foi especialmente tocada pelas palavras de João Batista e partiu, então, em busca de uma vida mais profunda.

Maria Madalena foi testemunha da ressurreição de Cristo, sendo a escolhida para dar a notícia aos apóstolos. – Extraído do livro "Os Apóstolos de Jesus".

Edição de bolso • ISBN 978-85-7279-084-0 • 160 p.

NINA E A MÚSICA DO MAR • SEREIAS

de Sibélia Zanon, com ilustrações de Tátia Tainá

Nas férias, Nina faz uma viagem com a vovó Dora. O Cabelinho vai junto, é claro. Eles visitam o mar! É a primeira vez da Nina e do Cabelinho na praia.

Nina está muito curiosa... o que tem dentro das ondas?

Literatura Infantojuvenil • ISBN 978-85-7279-150-2 • 32 p.

NINA E O DEDO ESPETADO • DOMPI

de Sibélia Zanon, com ilustrações de Tátia Tainá

Num dia ensolarado, Nina decide dar uma voltinha pelo jardim.

No caminho, ela sente uma espetada. Aaaai!!

Mas Nina não está sozinha. Seu amigo Cabelinho está por perto e a joaninha Julinha vai fazer com que ela se lembre de alguém muito especial.

Literatura Infantojuvenil • ISBN 978-85-7279-136-6 • 36 p.

O DIA SEM AMANHÃ

de Roberto C. P. Junior

Uma viagem pela história, desde a França do século XVII até os nossos dias. Vivências e decisões do passado encontram sua efetivação no presente, dentro da indesviável lei da reciprocidade. A cada parada da viagem, o leitor se depara com novos conhecimentos e informações que lhe permitem compreender, de modo natural, a razão e o processo do aceleramento dos acontecimentos na época atual.

Edição nos formatos e-pub e pdf. • *eBook* • ISBN 978-85-7279-116-8 • 510 p.

O FILHO DO HOMEM NA TERRA. Profecias sobre sua vinda e missão
de Roberto C. P. Junior

Profecias relacionadas à época do Juízo Final descrevem, com coerência e clareza, a vinda de um emissário de Deus, imbuído da missão de desencadear o Juízo e esclarecer à humanidade, perdida em seus erros, as Leis que governam a Criação. Por meio de uma pesquisa detalhada, que abrange profecias bíblicas e extrabíblicas, Roberto C. P. Junior aborda fatos relevantes das antigas tradições sobre o Juízo Final e a vinda do Filho do Homem.

Edição de bolso • ISBN 978-85-7279-094-9 • 288 p.

OS APÓSTOLOS DE JESUS

Conheça a grandeza da atuação de Maria Madalena, Paulo, Pedro, João e diversos outros personagens. "Os Apóstolos de Jesus" desvenda a atuação daqueles seres humanos que tiveram o privilégio de conviver com Cristo, dando ao leitor uma imagem inédita e real!

ISBN 85-7279-071-3 • 256 p.

QUEM PROTEGE AS CRIANÇAS?
de Antonio Ricardo Cardoso, com ilustrações de Maria de Fátima Seehagen e Edson J. Gonçalez

Qual o encanto e o mistério que envolve o mundo infantil? Entre versos e ilustrações, o mundo invisível dos guardiões das crianças é revelado, resgatando o conhecimento das antigas tradições que ficaram perdidas no tempo.

Literatura Infantojuvenil • *Capa dura* • ISBN 85-7279-081-0 • 24 p.

REFLEXÕES SOBRE TEMAS BÍBLICOS
de Fernando José Marques

Neste livro, trechos como a missão de Jesus, a virgindade de Maria de Nazaré, Apocalipse, a missão dos Reis Magos, pecados e resgate de culpas são interpretados sob nova dimensão. Obra singular para os que buscam as conexões perdidas no tempo!

Edição de bolso • ISBN 978-85-7279-078-9 • 176 p.

ZOROASTER

A vida empolgante do profeta iraniano, Zoroaster, o preparador do caminho Daquele que viria, e posteriormente Zorotushtra, o conservador do caminho. Neste livro são narrados de maneira especial suas viagens e os meios empregados para tornar seu saber acessível ao povo.

ISBN 85-7279-083-7 • 288 p.

Veja em nosso site diversos títulos disponíveis em formato e-book.

Correspondência e pedidos

ORDEM DO GRAAL NA TERRA

Rua Sete de Setembro, 29.200 – CEP 06845-000
Embu das Artes – SP – BRASIL
Tel./Fax: (11) 4781-0006
www.graal.org.br
graal@graal.org.br

Impressão e acabamento:
Corprint Gráfica e Editora Ltda.